MARIA LUISE PREAN-BRUNI

DER *Herr* DARF MIT MIR MACHEN, WAS ER WILL, DENN ER HAT DEN *Überblick!*

SCM
R.Brockhaus

SCM

Stiftung Christliche Medien

SCM R.Brockhaus ist ein Imprint der SCM Verlagsgruppe, die zur Stiftung Christliche Medien gehört, einer gemeinnützigen Stiftung, die sich für die Förderung und Verbreitung christlicher Bücher, Zeitschriften, Filme und Musik einsetzt.

MIX
Papier aus verantwortungsvollen Quellen
FSC® C014496
www.fsc.org

Max-Eyth-Str. 41 · 71088 Holzgerlingen
Internet: www.scm-brockhaus.de · E-Mail: info@scm-brockhaus.de

Umschlaggestaltung: Kathrin Spiegelberg, www.spika-design.de
Titelbild: PatternsBlooming (Shutterstock)
Autorenfoto: © privat
Satz: typoscript GmbH, Walddorfhäslach
Druck und Bindung: GGP Media GmbH, Pößneck
Gedruckt in Deutschland
ISBN 978-3-417-26982-6
Bestell-Nr. 226.982

Inhalt

Einleitung

In unserem Werk in Uganda konnten wir mittlerweile 16 000 Kinder mit einer Schulausbildung versorgen. An einem normalen Tag wuseln viele von ihnen über unser Gelände in Mukono. Einige leben in einem unserer elf Kinderhäuser im »Land of Hope«, unserem Land der Hoffnung. Andere besuchen unseren Kindergarten oder die Grundschule. Es ist auf jeden Fall immer sehr viel los und ich liebe es, das muntere Treiben zu beobachten.

Ich staune immer, wie viel wir von den Kindern lernen können – Jesus hat sie uns ja sogar als Beispiel gegeben. Sie sind so offen, stehen allem neugierig gegenüber. Und weil sie erfahren haben, dass wir es nur gut mit ihnen meinen, vertrauen sie uns. Bei manchen dauert dieser Prozess etwas, weil sie schon viel Schlimmes in ihrem Leben erfahren mussten. Normalerweise sind Kinder ja von Haus aus sehr vertrauensselig, doch je nachdem, was sie erlebt haben, wird in manchen von ihnen Misstrauen gesät. Kaum sind sie eine Weile bei uns, werden sie jedoch offener, und mit der Zeit schenken sie uns ihr Vertrauen.

Ich beobachte immer wieder: Weil die Kleinen uns vertrauen, gehorchen sie uns auch – zumindest meistens, es sind eben doch Kinder. Ich glaube, dass diese zwei Aspekte auch in unserem Glaubensleben von immenser Bedeutung sind: Vertrauen und Gehorchen. Wir vertrauen dem, was Gott verheißt, und gehorchen dem, was er uns sagt. Wenn wir diese beiden Dinge beherzigen, dann erleben wir Segen und Leben im Überfluss.

Ich vertraue und gehorche Gott – denn er hat den Überblick! Und genau deshalb sage ich immer wieder, dass der Herr mit mir machen darf, was er will. Ich möchte dich in diesem Buch dazu einladen, ihm ebenfalls in allem zu vertrauen, dich auf sein Wort zu stellen und in ein Leben der Verheißung durchzubrechen. Denn das ist das Beste, was wir tun können, das kann ich dir garantieren.

Das wichtigste Wort in der Bibel

Weißt du, welches das wichtigste Wort in der Bibel ist? Nein, es ist nicht »Liebe«, »Geld« oder »Jünger«. Es ist das kleine Wörtchen »wenn«: *Wenn* wir das tun, was Gott sagt, *dann* wird er auch tun, was er verheißt.

Es ist eigentlich ganz einfach. Wenn du nicht hast, was er verheißt, dann tust du wohl nicht, was er dir sagt. Gehorsam ist wirklich alles.

Ich machte meiner Tochter diesen Zusammenhang sehr früh klar. Mit drei Jahren fragte ich sie bereits: »Schatzilein, wie kannst du der Mama zeigen, dass du sie lieb hast?«

»Wenn ich gehorche«, kam prompt ihre Antwort.

So sagt es uns auch Jesus: »Wer mich liebt, wird tun, was ich sage. Mein Vater wird ihn lieben, und wir werden zu ihm kommen und bei ihm wohnen« (Johannes 14,23).

Im Deutschen kann man sich gut merken, was Gehorsam Gott gegenüber bedeutet, wenn man das Wort in seine zwei Silben zerlegt: »geh-horch«. Es ist ein permanentes *Gehen* mit ihm und *Horchen* auf ihn. Wenn wir das tun, was er sagt – und wenn wir genau in die Bibel schauen, dann ist fast alles an Bedingungen geknüpft –, dann wird Gott tun, was er versprochen hat. Wenn wir vergeben, wird uns vergeben, wenn wir geben, werden wir empfangen, wenn wir Vater und Mutter ehren, werden wir ein langes Leben haben, und es wird uns wohlergehen.

Als ich diesen Zusammenhang entdeckte, war es mir wichtig, keines dieser Wenns mehr zu übersehen. Ich frage ihn seither also immer wieder: »Herr, wo habe ich ein Wenn übersehen? Zeig's mir. Ich möchte mittendrin sein im Strom deiner Gnade.«

Ich bin überzeugt: Gott möchte dich segnen ohne Ende. Aber es gibt einen Teil, den du dazu beitragen kannst. Den findest du bei den Wenns. In Jesaja 1,19-20 heißt es: »Wenn ihr mir bereitwillig gehorcht, werdet ihr die Früchte des Landes essen. Wenn ihr euch aber weigert und widerspenstig seid, werdet ihr durch das Schwert umkommen. Ich, der Herr, habe gesprochen.«

Gott möchte dich segnen ohne Ende.

Wenn wir Jesus in unser Herz aufnehmen, wenn wir ihm Glauben schenken, dann haben wir Anrecht auf alle Verheißungen seines Wortes. Ich frage oft bei Predigten: »In wessen Hand liegt dein Leben?« Die Zuhörer meinen dann, die christliche Antwort darauf lautet: in Gottes Hand. Aber das ist vollkommener Unsinn. Dein Leben liegt in *dei-*

ner Hand. Es kommt darauf an, wie du mit Gott zusammenarbeitest.

Im Alten Testament finden wir viele solcher Wenns. Hier sind nur ein paar weitere Beispiele:

- »Wenn ihr mir nun gehorcht und den Bund haltet, den ich mit euch schließen werde, sollt ihr vor allen anderen Völkern der Erde mein besonderes Eigentum sein, denn die ganze Erde gehört mir« (2. Mose 19,5).
- »Dient ausschließlich dem Herrn, eurem Gott. Wenn ihr das tut, werde ich euch mit Nahrung und Wasser versorgen und Krankheiten von euch fernhalten« (2. Mose 23,25).
- »Herr, wenn ich dich lobe und anrufe, dann werde ich vor meinen Feinden gerettet« (Psalm 18,4).
- »Glücklich ist, wer für die Armen sorgt. Wenn er in Not gerät, rettet ihn der Herr« (Psalm 41,2).

Auch das Neue Testament ist voller Wenns:

- »Wenn ihr denen vergebt, die euch Böses angetan haben, wird euer himmlischer Vater euch auch vergeben« (Matthäus 6,14).
- »Wenn einer von euch mit mir gehen will, muss er sich selbst verleugnen, jeden Tag aufs Neue sein

Kreuz auf sich nehmen und mir nachfolgen« (Lukas 9,23).

- »Wenn ihr mit mir verbunden bleibt und meine Worte in euch bleiben, könnt ihr bitten, um was ihr wollt, und es wird euch gewährt werden!« (Johannes 15,7).
- »Wir sind gerecht vor Gott, wenn wir glauben, dass Jesus sein Blut für uns vergossen und sein Leben für uns geopfert hat« (Römer 3,25).
- »Wenn du dich von deiner menschlichen Natur bestimmen lässt, führt das zum Tod. Doch wenn der Heilige Geist dich bestimmt, bedeutet das Leben und Frieden« (Römer 8,6).
- »Wenn ihr jedoch unrecht tut, werdet ihr auch die Folgen tragen müssen, denn Gott bevorzugt niemanden« (Kolosser 3,25).

Gott segnet uns gemäß unserer Reife im Glauben, gemäß unseres Wachstums in ihm. Was ich damit meine? Hätten meine Kinder zum Beispiel mit zehn Jahren ein Motorrad gewollt, hätte ich ihnen gesagt: »Ihr spinnt, die Zeit ist dafür nicht reif. Einen Roller kriegt ihr von mir oder ein Fahrrad, aber kein Motorrad.«

Ich bin überzeugt, dass es bei Gott eine richtige Zeit für alles gibt. Das steht ja auch schon im Prediger: »Alles hat seine Zeit, alles auf dieser Welt hat seine ihm gesetzte Frist« (3,1). Bereits im Mutterleib hast du eine wunderbare Berufung empfangen. Und nun befindest du dich mehr oder weniger in der Vorbereitungszeit, um in diese Berufung durchzubrechen. Währenddessen hat Gott zwei Geschwindigkeitsstufen: langsam und sehr langsam. Aber wenn er dich erst einmal dort hat, wo er dich haben will, wenn dein Charakter mit deiner Berufung übereinstimmt, dann kommst du auf die Autobahn der Herrlichkeit Gottes. Wo es dir vorher nicht schnell genug ging, flehst du nun: »Langsam, bitte langsam«, weil du mit Gottes rasantem Tempo nicht mitkommst.

Gott hat große Pläne für dich. Aber er will dich schützen, weil er nicht möchte, dass du in die Irre läufst. Denn mit deiner Berufung gehen enorme Segnungen einher und die Frage ist, wie du mit ihnen umgehst. Wenn Gott nicht mehr deine erste Liebe ist, wird der Segen zum Problem für dich werden, denn dann klammerst du dich an den Segen und nicht an den Herrn. Du musst an den Punkt kommen, wo deine erste Liebe die Beziehung zu Gott ist. Dann kann er dir alles andere anvertrauen.

Kannst du glauben, dass Gott große Pläne für dich hat? Wie gehst du mit den Segnungen Gottes in deinem Leben um? Hängst du mehr an ihnen als an Gott? Wie geht es dir in deiner Beziehung zum Herrn? Kannst du ihn in allem an die erste Stelle setzen?

Segen und Gehorsam

Eine großartige Wenn-Bibelstelle finden wir in 5. Mose 28. Mose ruft das gesamte Volk Israel dazu auf, Gottes Geboten Gehorsam zu leisten. Dabei führt er ihm vor Augen, welcher Segen verheißen ist, aber auch welcher Fluch auf den Ungehorsam folgt: »Wenn ihr dem Herrn, eurem Gott, gehorcht und alle Gebote haltet, die ich euch heute gebe, wird euch der Herr, euer Gott, über alle Völker der Welt setzen. Wenn ihr dem Herrn, eurem Gott, gehorcht, werdet ihr folgendermaßen gesegnet werden… (5. Mose 28,1-2).

Und dann zählt er all die Segnungen auf:

> Ihr werdet gesegnet werden in euren Städten und ihr werdet gesegnet werden auf dem Land. Ihr werdet gesegnet werden mit vielen Kindern, reichen Ernten und zahlreichen Jungtieren bei euren Schaf-, Ziegen- und Rinderherden. Ihr werdet gesegnet sein mit Erntekörben, die von Früchten überquellen, und mit Backtrögen, die bis oben mit Brot gefüllt sind. Ihr werdet gesegnet sein, wenn ihr nach Hause kommt, und ihr werdet gesegnet sein, wenn ihr fortgeht. Der Herr wird euch den Sieg über eure Feinde schenken,

wenn sie euch angreifen. Sie werden euch aus einer Richtung angreifen, aber in sieben Richtungen vor euch fliehen! Der Herr wird euch bei allem, was ihr tut, segnen. Er wird euch große Vorräte geben. Der Herr, euer Gott, wird euch in dem Land, das er euch gibt, segnen. Wenn ihr den Geboten des Herrn, eures Gottes, gehorcht und nach seinem Willen lebt, wird der Herr, euer Gott, euch als sein heiliges Volk einsetzen, wie er es euch mit einem Eid versprochen hat. Dann werden alle Völker der Welt sehen, dass ihr das Volk des Herrn seid, und werden sich vor euch fürchten. Der Herr wird euch in dem Land, das er euch gibt – wie er euren Vorfahren mit einem Eid versprochen hat –, ein Übermaß an Gutem schenken: viele Kinder, unzählige Jungtiere und reiche Ernten. Der Herr wird seine Schatzkammer, den Himmel, für euch öffnen, um es zur rechten Zeit regnen zu lassen und um all eure Arbeit zu segnen. Ihr werdet vielen Völkern etwas ausleihen, selbst aber nie etwas von ihnen borgen müssen. Wenn ihr den Geboten des Herrn, eures Gottes, die ich euch heute gebe, gehorcht und sie genau befolgt, wird der Herr euch zum Kopf und nicht zum Schwanz machen, und es wird mit euch immer weiter aufwärts gehen und nicht bergab. Ihr dürft von keinem einzigen Gebot, das ich euch heute gebe, abweichen. Lauft keinen anderen Göttern nach und verehrt sie nicht.

5. Mose 28,3-14

Das hört sich alles super an, oder? Viele dieser Verheißungen nehme ich regelmäßig in Anspruch. Vor Kurzem habe ich mit der Viehzucht in Afrika begonnen. Ganz groß auf den Stallungen soll der Vers stehen, wo es um die Tierherden und den Segen Gottes geht. Und jedes Mal, wenn ich mich ins Auto setze, zitiere ich die Stelle, dass wir gesegnet sind, wenn wir heimkommen und wenn wir fortgehen. Ich kann Gottes Schutz wirklich gebrauchen, wenn ich unterwegs bin, gerade bei den doch manchmal etwas gewöhnungsbedürftigen Straßenverhältnissen in Uganda.

Doch Mose spricht noch weiter. Den Verheißungen folgen Flüche. »Wenn ihr jedoch dem Herrn, eurem Gott, nicht gehorcht und seine Gebote und Vorschriften, die ich euch heute gebe, nicht gewissenhaft befolgt, werden euch die folgenden Flüche treffen« (5. Mose 28,15). Ich will diese hier gar nicht alle wiederholen, aber du kannst sie in den Versen 16-68 nachlesen, wenn du möchtest.

So wie Gott das Volk Israel vor die Wahl stellt, entscheidest auch du, welchen Weg du gehen willst. Willst du Gott gehorchen oder nicht? Vielleicht fragst du nun, wie du überhaupt wissen sollst, wie in jeder einzelnen Situation jeweils sein Wille aussieht. Jesus hat uns alle Gebote im Doppelgebot der Liebe zusammengefasst:

Du sollst den Herrn, deinen Gott, lieben, von ganzem Herzen, mit ganzer Seele und mit all deinen Gedanken! Das ist das erste und wichtigste Gebot. Ein weiteres ist genauso wichtig: Liebe deinen Nächsten wie dich selbst.

Matthäus 22,37-39

Wenn du im Licht dieser Worte wandelst, dann hast du Segen über Segen! Und wenn du es nicht tust – tja, das kannst du ja nachlesen. Ich will dir keine Angst machen und Gott ist gewiss ein gnädiger Gott, aber er ist auch gerecht. Wir können nicht einfach machen, was wir wollen, und dann trotzdem irgendwie hoffen, dass Gott uns segnet.

Es gibt auch Bibelverse, wo das Wenn nicht wörtlich, aber doch gedanklich drinsteckt. In diesem Fall müssen wir besonders aufpassen. Zum Beispiel ist das in Sprüche 2,24 der Fall: »Demut und Ehrfurcht vor dem Herrn führen zu Reichtum, Ehre und Leben.« Man könnte das umformulieren in: »Wenn du demütig und gottesfürchtig bist, dann gibt Gott dir Reichtum, Ehre und Leben.« Demütig sein heißt übrigens nicht, sich selbst klein zu machen, sondern Gott groß zu machen. Und Ehrfurcht bedeutet, dass Gott das Sagen in deinem Leben hat, dass du ihn respektierst und ihm gehorchst, ganz gleich, was die Politik entscheidet, ganz gleich, was der Zeitgeist dir einreden will.

Wofür aber all der Segen? Einfach, damit es uns gut geht und wir glücklich sind? Natürlich dürfen wir uns daran freuen, aber letztlich will der Herr, dass wir gesegnet sind, um ein Segen zu sein. Der Segen ist niemals für uns allein gedacht. Wir sollen ihn nicht horten, sondern weitergeben. Diesen Segenskreislauf sehen wir schon bei Abraham, zu dem Gott sagt: »Ich will dich segnen und du sollst in der ganzen Welt bekannt sein. Ich will dich zum Segen für andere machen« (1. Mose 12,2).

Wir befinden uns derzeit in einer Zeit des totalen Umbruchs, dessen müssen wir uns bewusst sein. Da nützt auch Gold nichts, denn man kann es nicht essen. Lass uns deshalb in himmlische Schätze investieren: »Wenn du vollkommen sein willst, dann geh und verkaufe alles, was du hast, und gib das Geld den Armen, und du wirst einen Schatz im Himmel haben« (Matthäus 19,21).

Du musst entscheiden, was du willst, was dir wirklich wichtig ist. Du kannst ein »heiliges« Leben führen, von Konferenz zu Konferenz laufen, einen Haufen Geld ausgeben, aber wenn deine Gesinnung sich nicht ändert, dann ist es doch alles umsonst. Auf dein Herz kommt es an. Wie sieht es darin aus? Was sind deine tiefsten Beweggründe und Motivationen? Geht es dir nur um deinen guten Ruf oder darum, Gott wirklich gehorsam zu sein? Wir dürfen uns nicht täuschen: Selbst unsere frommsten Aktivitäten in der Gemeinde, die jeder lobt, können falsch sein, wenn unser Herz dahinter nicht stimmt bzw. wenn Gott eigentlich möchte, dass wir etwas anderes tun.

Mir hilft es, mich immer wieder bewusst für den Gehorsam zu entscheiden. Ich bete dann: »Herr, mit mir kannst du machen, was du willst, wie du willst, wann du willst, wo du willst, reduziere mich auf null. Aber verherrliche deinen Namen, setz mich zum Segen und schenke mir Freude, die die Welt nicht geben und nicht nehmen kann. Amen.« Und dann bin ich frei. Frei zu fliegen wie ein Adler.

Wenn Gott mir jetzt etwas schenkt – zum Beispiel Land in Afrika, Finanzen etc. –, ist es nicht mehr mein Besitz. Ich bin nur der Verwalter. Ich hänge nicht mehr daran, man kann mir alles wegnehmen. Alles, nur nicht Jesus. Beraubt man mich der Dinge, die Gott mir schenkt, wird sich meine Identität nicht verändern. Denn sie ist an nichts festgemacht außer an Jesus. Und das macht mich frei. Extrem frei. Ich schlafe wie ein Baby. Wenn ich auf Reisen bin, sage ich fast täglich zum lieben Gott: »Papa, du kümmerst dich schon ordentlich um dein Werk da unten in Afrika, gell? Ich möchte alles wieder gut vorfinden.« Und bisher war das immer der Fall.

> Herr, mit mir kannst du machen, was du willst, wie du willst, wann du willst, wo du willst.

Was Gott verheißt, das tut er auch

Gott, der euch berufen hat, ist treu; er wird halten, was er versprochen hat.

1. Thessalonicher 5,24

In einem Dorf in Afrika herrschte eine große Hungersnot und gerade die Kinder litten fürchterlich. Da bekamen ein Schwein und ein Huhn Mitleid und überlegten gemeinsam, was sie tun könnten, damit es ihnen wieder besser ging. Ihnen fiel zunächst nichts ein, daher beschlossen sie, schlafen zu gehen. Vielleicht würden sie am nächsten Tag eine Idee haben.

Als sie in der Früh wieder zusammenkamen, fragte das Schwein: »Und, was denkst du? Was können wir tun?«

Das Huhn entgegnete: »Wir geben den Kindern Schinken mit Ei.«

Darauf das Schwein: »Moment mal! Für mich ist das totale Hingabe, für dich aber nur eine Spende.«

Ich finde diese Geschichte herrlich. Sie zeigt einen wichtigen Unterschied auf und ich frage dich: Willst du dem Herrn ein paar Spenden geben oder totale Hingabe sch(i)nken? Vielleicht musst du dazu deinen inneren Schweinehund überwinden, aber es lohnt sich.

Dass es »Schweinehund« heißt, ist meines Erachtens kein Zufall. Das Schwein frisst alles, um sich selbst zu befriedigen, und schaut nur auf seinen eigenen Nutzen. Und ein Hund tut alles, um sich selbst zu schützen. Er will kein Risiko eingehen, duckt sich weg, hat kein Rückgrat. Doch all das hat im Reich Gottes nichts verloren. Der Herr wird uns mit allem versorgen, was wir brauchen. Und er hat uns nicht den Geist der Angst gegeben, sondern der Kraft, der Liebe und der Besonnenheit (2. Timotheus 1,7). Wenn – hier ist es wieder, das wichtigste Wort in der Bibel –, wenn wir ihm gehorchen, haben die kleinsten Gehorsamsschritte enorme Auswirkungen.

Als ich damals in den USA lebte, wohnte ich in der Nähe eines Nationalparks mit wunderschöner Natur. Oft spazierte ich mit meiner Gitarre zu einem Fluss, in dem ein paar größere Felsen lagen. Einer war mein Begegnungsort mit Gott. Auf ihn setzte ich mich häufig und sang und spielte – es konnte mich ja niemand hören, weil das Wasser so toste und rauschte. Einmal fragte ich Gott: »Herr, hast du überhaupt eine Ahnung, dass ich auf der Welt bin? Hast du Pläne mit mir, was ist los?«

Da antwortete er: »Lies Jesaja 60.«

Ich schlug meine Bibel auf und las:

> Steh auf und leuchte! Denn dein Licht ist gekommen und die Herrlichkeit des Herrn erstrahlt über dir. Denn die Erde ist von Finsternis zugedeckt und die Völker liegen in tiefer Dunkelheit, aber über dir strahlt der Herr auf. Man kann seine Herrlichkeit über dir schon erkennen. Völker strömen zu deinem Licht. Mächtige Könige kommen zum Glanz, der über dir aufgeht. Sieh dich um, alle versammeln sich und kommen zu dir. Deine Söhne kommen aus fernen Ländern; deine Töchter werden auf den Armen getragen. Du wirst es sehen und deine Augen werden leuchten, dein Herz wird vor Freude hüpfen und weit werden, wenn dir die Reichtümer der Meeresländer zufallen und die Schätze der Völker in dein Land strömen.

Nachdem ich fertig gelesen hatte, schaute ich mich um und sagte zum Herrn: »Ich verstehe nicht, was du mir sagen willst. Niemand ist da. Kein Mensch ist da, Herr. Wie kannst du da sagen, dass alle versammelt sind?«

Damals hatte ich keinen Glauben, dass diese Bibelstelle Wirklichkeit werden könnte. Aber ich schrieb das Datum dazu und vergaß sie zumindest nicht. Gott sagt manchmal Sachen, von denen man denkt, sie seien unmöglich. Aber täuschen wir uns nicht: Ihm ist *alles* möglich! Nie hätte ich mir träumen lassen, wie er diese Verheißung in meinem Leben Realität werden lassen würde. Lass es mich dir erzählen.

Vor vielen Jahren bekam ich kurz vor Weihnachten einen Anruf, ich solle am 23. Dezember eine 80-jährige Dame in München im Krankenhaus besuchen. Sie liege im Sterben und wolle ihr Leben mit Gott in Ordnung bringen. Ich kannte die Frau noch nicht einmal und hatte wenig Lust. Weil ich immer alles mit Gott bespreche, fragte ich ihn: »Herr, kann ich nicht nach Weihnachten fahren? Es ist so ein Verkehr in München, geschneit hat es auch noch …«

Doch der Herr war unerbittlich: »Morgen fährst du, Maria.«

Sehr unwillig, aber gehorsam stieg ich ins Auto, fuhr nach München und fand die Dame in ihrem Krankenbett liegend vor. Dankbar begrüßte sie mich und meinte:

»Maria, du kennst mich nicht, aber ich habe dich bei einer Konferenz erlebt. Die Ärzte geben mir nur noch ein paar Tage zu leben, vielleicht sind es auch noch Wochen, aber ich möchte mit Gott ins Reine kommen. Hilfst du mir dabei?«

Sie breitete ihr Leben daraufhin schonungslos vor mir aus. Ich sprach ihr Vergebung zu, wir trieben Dämonen aus, den ganzen Tag verbrachten wir zusammen. Schließlich meinte sie: »Jetzt kann ich meinem Vater ohne Probleme begegnen, ich bin frei«, und wir verabschiedeten uns – wie wir dachten, für immer in diesem Leben. Glücklich fuhr ich nach Hause. Ich wusste: Das war jetzt ein Gehorsamsschritt gewesen. War ich zuerst missmutig gewesen, hatte es sich doch voll und ganz gelohnt, und ich war selbst gesegnet worden. Wie sehr, sollte ich allerdings erst nach und nach entdecken. Denn ich hatte keine Ahnung, dass sie eine Prinzessin aus dem deutschen Hochadel war.

Drei Wochen später rief sie mich an. Ich fiel aus allen Wolken und fragte nur: »Wie bitte?«

»Ja«, sagte sie, »ich lebe noch.«

»Halleluja, aber was ist denn passiert?«

Sie erzählte mir daraufhin, wie es weitergegangen war, seit ich bei ihr gewesen war: »Als du weg warst, kam ein Pfarrer und hat mir das Abendmahl gebracht – zum letzten Mal, wie er dachte. Doch Gott sprach währenddessen zu mir und sagte: ›Ich habe noch Arbeit für dich.‹«

Sie wollte zuerst nicht und meinte zu ihm: »Nein, ich bin schon sehr müde, lieber Gott.« Doch der Herr erwiderte, dass er auch durch einen müden Gaul Räder in Bewegung bringen könne. Daraufhin entschloss sie sich zu gehorchen. Ihr Ziel war es fortan, meinen Dienst groß zu machen.

Man muss sich das einmal vorstellen: Ich hatte keine Ahnung, wer diese Frau war, und fuhr eher missmutig und widerwillig zu ihr. Aber ich fuhr – und darauf kommt es an. Wäre ich ungehorsam gewesen, hätten sich mir viele Türen verschlossen. Diese Begegnung hatte nämlich enorme Auswirkungen in meinem Leben.

Tante Emma – so hieß die Dame – hat mir später ihren Neffen vorgestellt, Fürst Castell, und seine Frau. Wir veranstalteten über die Jahre mehrere Konferenzen, wo ich sprechen durfte und der Hochadel eingeladen war. Da wimmelte es nur so von Prinzen und Prinzessinnen, Freifrauen und Freiherren, Fürsten und Fürstinnen. Ich ließ jeden nur den Vornamen auf sein Namensschild schreiben, damit ich mich nicht so eingeschüchtert fühlte. Aber ich musste mir gar keine Sorgen machen. Tante Emma war immer mit von der Partie, lud wirklich jede und jeden ein und flitzte mit ihrem Silberstöckchen durch die Gänge. Sie meinte irgendwann einmal zu mir: »Weißt du, einer 80-jährigen Dame kann man nichts mehr verweigern, und das nutze ich jetzt schamlos aus.«

Anfangs waren einige der Anwesenden durchaus skeptisch – an den ersten Tagen glaubten sie noch, sie seien in einer Sekte gelandet. Aber wir beteten dafür, dass sie einen Durchbruch erlebten, und am letzten Tag übergaben alle ihr Leben Jesus. Halleluja! Ich hatte ja ein wenig Angst gehabt, dass sie einfach abreisen würden, aber Tante Emma war ganz ruhig geblieben: »Maria, mach dir keine Sorgen, da reist keiner ab, weil ich da bin. Die wissen, dass ich sie eingeladen habe – deshalb können sie jetzt nicht einfach gehen.«

Du wirst staunen, wie treu der Herr ist und wie er das, was er verheißen hat, auch tut.

Die Prophetie von damals in den USA hatte ich schon fast wieder vergessen. Ich fragte Gott also, was er da gerade eigentlich tat, was er vorhatte. Da erinnerte er mich an meine Zeit auf dem Felsen im Fluss. »Das habe ich dir doch gesagt«, meinte der Herr ganz sanft. »Mächtige Könige kommen zum Glanz, der über dir aufgeht.« (Das war der Anfang der Erfüllung dieser Prophetie.)

Ich konnte nur staunen: »Herr, du bist eine Wucht.«

Wenn Gott prophetisch spricht, dann sind nicht wir es, die das umsetzen. *Er* muss es umsetzen. Ich ermutige dich, alle Prophetien aufzuschreiben, die du erhältst. Ein Extrabuch dafür anzulegen und sie dir immer wieder einmal anzusehen. Du wirst staunen, wie treu der Herr ist und wie er das, was er verheißen hat, auch tut.

Ich habe ganze Bücher, die ich mit Jesus zusammen schreibe. Ich notiere wirklich alles – meine Träume, Eindrücke, Worte von anderen. Und wenn es mir einmal nicht so gut geht, fange ich an, darin zu lesen und mir in Erinnerung zu rufen, was Gott mir schon versprochen hat. Auf diese Weise wird mein Glaube sehr ermutigt.

Was hat Gott schon in deinem Leben getan und versprochen? Was hast du vielleicht schon längst wieder vergessen, da du es abgetan hast, weil es dir unrealistisch erschien? Welche Träume sind möglicherweise verschüttet, aber Gott möchte sie wieder hervorholen? Wo hast du bereits Gottes Treue, Güte und Versorgung erlebt?

Die Israeliten kamen regelmäßig zusammen und erinnerten sich an die Zeiten, in denen Gott ihnen schon geholfen hatte – gerade wenn sie große Probleme, hatten. So hatte Gott es ihnen aufgetragen. In der Bibel stoßen wir immer wieder auf solche Erinnerungen an die Geschichte Israels, zum Beispiel in Psalm 78. Er ist quasi eine Kurzfassung dessen, was die Israeliten von der Zeit in Ägypten bis zum Regierungsantritt Davids erlebten. Dadurch sollten alle verstehen, wie treu und groß Gott war. Und auf diese Weise bekamen sie wieder Glauben und wurden ermutigt. Mach es ebenso: Wenn du ein Problem hast, denk an all die Situationen, die Gott schon wunderbar in deinem Leben gelöst hat. Das wird dir eine neue Perspektive schenken, da bin ich sicher. Du musst dich selbst ermutigen. Warte nicht, bis es die Welt tut. Da kannst du lange warten, denn sie wird dich meistens eher runterziehen als auferbauen.

Gott ehrte also mein bisschen Gehorsam damals am 23.12. Mürrisch fuhr ich nach München, auf dem Heimweg war ich auf Wolke 7. Tante Emma lebte noch 17 Jahre und war bei fast allen Konferenzen dabei. Zum Schluss war sie allerdings bettlägerig. Einmal rief sie mich an und meinte: »Du, Maria, ich glaube, ich werde noch viele Jahre auf dieser Welt bleiben müssen.«

Ich wollte wissen: »Wieso denn?«

Sie antwortete: »Gott zeigt mir jeden Tag noch etwas, wo ich Veränderung brauche – er hat noch so viel Arbeit an mir.«

»Ach du, da mach dir mal keine Sorgen«, entgegnete ich. »Er kann diese Veränderung in Sekunden bewirken, wenn er dich bei sich haben will.«

Tante Emma setzte unglaublich viel um und brachte viele Dinge ins Rollen – obwohl oder auch gerade weil sie glaubte, sie sei am Ende ihres Lebens. Vielleicht denkst du manchmal: Was kann Gott mit mir noch machen? Hast du eine Ahnung! Du musst dich ihm nur zur Verfügung stellen.

Die Verheißung aus Jesaja 60,3 hatte sich also in meinem Leben erfüllt. Aber es ging noch weiter, Vers 4: »Deine Söhne kommen aus fernen Ländern« – auch da hatte ich keinen blassen Schimmer, wie Gott das wahr machen wollte. Aber er tat es. Der erste Junge, auf den ich in Uganda besonders aufmerksam wurde – ein sehr begabtes, aber armes Kind –, wollte so gern, dass ich ihn adoptiere. Ich meinte daraufhin, dass ich erst den lieben Gott um seine Meinung fragen müsse. Und das tat ich. Der Herr antwortete nur: »Ich habe doch schon lange gesprochen, dass deine Söhne aus fernen Ländern kommen werden.« Das saß. Dieser Junge kam ja tatsächlich aus einem (für mich) fernen Land. Ich adoptierte ihn – er wurde mein erster Sohn Richard.

Auch der zweite Teil von Vers 4 wurde wahr: »Deine Töchter werden auf den Armen getragen.« Meine Tochter Angel war von ihrer Urgroßmutter vor dem Sterben gerettet worden. Doch diese hatte kein Geld und konnte dem Mädchen keine Milch mehr kaufen. Ich erhielt einen Telefonanruf, ob nicht »Vision für Afrika« helfen könnte, und entschied mich, mir das Kind mit einer Mitarbeiterin einmal anzusehen. Ich verliebte mich sofort in den kleinen Engel und hätte sie am liebsten direkt mitgenommen, doch auch hier wollte ich erst Gott fragen, was er dazu meinte. Beim zweiten Zusammentreffen legte mir die Urgroßmutter das Kind in den Arm und sagte: »Maria, das ist deine Tochter!«

Sofort fielen mir die Worte aus der Bibel ein, dass meine Töchter auf den Armen zu mir getragen werden. Und sie ist wirklich mein allerliebster Schatz.

Auch die Verheißung aus Jesaja 60,5 ist bereits mehrfach wahr geworden: »Du wirst es sehen und deine Augen werden leuchten, dein Herz wird vor Freude hüpfen und weit werden, wenn dir die Reichtümer der Meeresländer zufallen und die Schätze der Völker in dein Land strömen.« »Vision für Afrika« ist mittlerweile ein riesiges Werk mit mehreren Standorten und Gott hat uns Mal um Mal übernatürlich mit Finanzen, aber auch anderen Ressourcen wie Mitarbeitern, Hilfsgütern usw. versorgt. Ich kann immer nur staunen, was er tut.

Es geht uns wirklich sehr gut in Uganda. Natürlich haben wir keinen Überfluss, aber unsere Bedürfnisse werden befriedigt. Als ich von Tirol nach Afrika ausgesandt wurde, war auch Cindy Jacobs, die bekannte Autorin und Fürbitterin aus den USA, dabei. Alle standen um mich herum und hatten mir die Hände aufgelegt, da sagte sie plötzlich: »Nein, nein, nein!«

Ich fragte beunruhigt: »Ist etwas nicht in Ordnung?«

»Alles ist in Ordnung«, entgegnete sie und lachte. »Maria, da ist ein riesiger Trichter über dir, in den Geschenke und Geld reinfliegen – so viel habe ich noch nie bei einem Missionar gesehen. Und weiter unten sind lauter Schläuche und es rinnt überallhin. Durch dich hindurch in alle möglichen Gebiete.«

Ich habe nur »Halleluja« gerufen. Und so erlebe ich das auch – ich empfange und kann mit vollen Händen weitergeben. Aber beim Thema Korruption und Verschwendung bin ich unerbittlich, da werde ich ganz wild. Jedem Mitarbeiter, der zu uns kommt, wird gesagt, dass wir nichts zu verschleudern haben. Weder durch Lüge noch durch Missbrauch noch durch Korruption. Stehlen ist das Aus. Jedem wird von Anfang an klargemacht, dass er keine Chance hat zu bleiben, sollte es zu so einem Vorfall kommen. Und alle wissen das. Sollte es dann doch passieren, sage ich: »Da ist die Tür. Du hast das gewusst, von Anfang an. Wir schmeißen dich nicht raus, du schmeißt dich selbst raus durch dein Verhalten.« So ist es auch mit Gott. Er hat die Regeln seit langer Zeit klargemacht. Wir müssen seine Wege gehen. Er ist der Chef. Doch wenn wir das tun, werden wir Segen um Segen erhalten.

Ich kann nur immer wieder betonen, dass Gott treu ist und dass er das, was er verheißen hat, auch tut. Fang an, sein Reden auch in deinem Leben zu erwarten. Und dann halte an dem fest, was er dir sagt. Stütze dich auf die Verheißung. Selbst wenn die Umstände zunächst nicht danach aussehen mögen – er wird niemals vergessen, was er versprochen hat.

Die Abenteuer, die Gott für dich geplant hat

Wenn der Herr zu dir spricht, gib, bis es wehtut. An wen oder wohin? Er wird es dir genau sagen. Ich meine das wirklich ernst: Gib, bis es wehtut. Da hat bei mir erst der Segen angefangen. Da sind die Wunder nur so geflossen. Und sie fließen bis heute. Kürzlich schickten Großmärkte aus Deutschland einen riesigen Container zu uns nach Uganda – ohne dass wir darum gebeten hätten, sie haben das einfach von sich aus angeboten! Er war voller Sport- und Kleidungsartikel, die sie nicht mehr verkaufen konnten, die wir hier aber sehr gut brauchen können. Vor allem die Fußballausstattung hat einigen Mannschaften viel Freude bereitet. Die wunderschönen Kleider gaben wir bei unserer Weihnachtsaktion 2020 an 500 arme Familien aus. Wie leuchteten da die Augen! Gott ist gut! Bei ihm gibt es keine Mangelerscheinungen. Er will dich so zum Segen setzen, dass die Leute erkennen, dass dein Gott mächtiger, liebevoller, großzügiger ist als alle anderen Götter dieser Welt.

Du bist ein Botschafter Jesu Christi. Ein Aushängeschild für Jesus. Die Menschen schauen dich an und lesen an deinem Leben ab, wie Gott ist. Aber es hängt alles von deinem Gehorsam ab. Gibst du dich ihm ganz hin? Viele Menschen kommen zu Gott leider als Berater und sagen ihm, was er zu tun hat. Doch solche Mitarbeiter braucht er nicht. Er weiß schon selbst, was er zu tun hat. Was er braucht, sind Menschen, die sich ihm ganz zur Verfügung stellen. Und das ist so einfach. Sonst könnte er ja mit solchen Leuten wie mir gar nicht arbeiten. Es muss ganz simpel sein, »narrensicher«.

Jeden Morgen beginne ich so mit Gott: »Herr, danke für den guten Schlaf. Heute haben wir zwei wieder gut geschlafen. Sag mir bitte, was hast du heute für ein Abenteuer für uns geplant?«

Er antwortet dann meist: »Steh erst einmal auf und tu das, was am notwendigsten ist.« Also gehe ich mir die Zähne putzen – ich mache wirklich alles mit ihm. Auf diese Weise wird das Leben unendlich spannend! Und dann will ich wissen: »Was willst du heute auf deinen Körper hängen?« Früher wusste ich nie, was ich anziehen soll, es war immer sehr anstrengend, wenn ich vor meinem Kleiderschrank stand. Aber er weiß genau, wie er seinen Körper kleiden will. Daher frage ich jetzt einfach ihn.

Letztlich geht es mir darum, mit Gott in einer intimen, freudigen, innigen Gemeinschaft zu leben. Möchtest du das auch? Dann bezieh ihn einfach in alles mit ein, besprich alles mit ihm, und er wird dich überraschen. Und halte die Ohren und die Augen offen, was er den Tag über vorbereitet hat.

Vor einiger Zeit predigte ich bei einer Konferenz in Israel. Vor meinem Vortrag am Abend wollte ich mich noch einmal schön machen lassen und ging deshalb in den Friseursalon, der zum Hotel gehörte. Ich war sehr überrascht, als ich feststellte, dass es dort keine Lockenwickler gab. Die Friseurin gab sich zwar sehr viel Mühe mit meiner Frisur, aber ich war leider doch ziemlich unzufrieden. Die Haare klebten mir einfach flach am Kopf. Ich diskutierte mit der Frau, was man machen könnte, damit es besser würde, als eine Dame vom Hotel dazukam. Sie wollte wissen, wie es mir gefalle und ob ich zufrieden sei. Während unserer Unterhaltung berührte ich sie kurz am Arm und sie fing sofort an zu weinen und zu zittern. Sie rief immer wieder: »Diese Energie, diese Energie!«, und fragte schließlich, was das war, das sie da spürte.

»Das ist der Heilige Geist«, erklärte ich ihr.

Es war ein ganz besonderes Erlebnis. Sie meinte, sie wolle noch mehr von dieser Energie, und ich betete: »Heiliger Geist, überflute sie von der Krone bis zu den Sohlen.« Gott hat sie so stark berührt, dass sie nicht weit davon entfernt war, Jesus ihr Leben zu übergeben. Vielleicht hat sie es mittlerweile getan.

Gott schreibt seine Geschichte mit den Menschen und wir dürfen manchmal daran mitwirken. Aber wir selbst können nichts dazutun: Es ist der Heilige Geist, der durch uns strömt. Das Einzige, was wir tun können, ist, die Situationen zu erkennen, die Gott jeden Tag für dich und für mich vorbereitet hat. Es ist so, wie es in Epheser 2,10 steht: »Denn wir sind Gottes Schöpfung. Er hat uns in Christus Jesus neu geschaffen, damit wir die guten Taten ausführen, die er für unser Leben vorbereitet hat.«

Gott schreibt seine Geschichte mit den Menschen und wir dürfen manchmal daran mitwirken.

Er hat schon alles vollbracht. Er hat uns neu gemacht. Nun müssen wir nur noch das erkennen, was er für uns geplant hat, und es dann auch gehorsam tun.

Als ich wieder einmal in Deutschland war, ging ich bei Aldi einkaufen. Mittlerweile gibt es dort ja Theken mit verschiedenen Backwaren, an denen man sich selbst bedienen kann. Ich war gerade dabei, mir dort ein Brot herauszuholen, als sich eine Frau neben mich stellte. Sie sah aus, als hätte sie ein Bad in Zitronensaft genommen, so sauertöpfisch blickte sie drein. Sofort fragte ich Gott: »Herr, was soll ich tun?«

Er forderte mich auf, sie anzusprechen und ihr etwas von ihm weiterzugeben. Das tat ich. »Liebe Frau, ich habe eine gute Botschaft für Sie. Gott hatte einen wunderbaren Tag, als er Sie erschuf.«

Sie schaute mich ungläubig an. »Was haben Sie gesagt?« Inzwischen standen schon ein paar Leute um uns herum.

»Gott hatte einen wunderbaren Tag, als er Sie erschuf!«

»Das glauben Sie?«, wollte sie wissen.

»Davon bin ich sogar überzeugt!«, entgegnete ich. Und dann fügte ich hinzu: »Ich möchte, dass Sie morgen früh in den Spiegel schauen und Gott danken, dass er einen guten Tag hatte, als er Sie erschuf.«

Einige der Umstehenden fingen an zu lachen, aber sie meinte nur: »Na, dann werde ich es halt probieren.«

Ich habe keine Ahnung, wie Gott weiter an dieser Frau dranbleiben wird und was diese kleine Unterhaltung im Aldi genau bewirkt hat. Aber ich bin treu und gehorsam – und sensibel für die Stimme des Heiligen Geistes. Auf diese Weise bin ich schon in die verrücktesten Situationen gekommen.

In Uganda kann es manchmal sehr kalt sein, aber so etwas wie Heizungen gibt es in den meisten Häusern nicht. Als ich daher einmal wieder in Österreich war, wollte ich einen Schwedenofen kaufen, um ihn dann mit nach Afrika zu nehmen. Ich fuhr in einen großen Baumarkt und sah mir verschiedene Modelle an. Eine Verkäuferin kam zu mir, um mich zu beraten, aber mit einem Mal hielt sie inne und fragte, was mit mir los sei. Ich verstand nicht, was sie meinte, und fragte daher, was sie sagen wolle.

»Ich habe eine Gänsehaut am ganzen Körper gekriegt, als ich Sie gesehen habe.«

Ich meinte nur: »Das muss der Heilige Geist sein.«

Sie nickte und antwortete: »Ja, so muss es sein.«

Daraufhin wollte ich wissen, ob sie ihr Leben schon einmal Jesus übergeben habe.

Sie sah mich an: »Das will ich schon lange.«

Und dann machten wir es dort an Ort und Stelle. Wir gingen hinter ein Regal und sie übergab Jesus ihr Leben.

Danach erst kamen wir auf mein eigentliches Anliegen zurück, weshalb ich in den Baumarkt gekommen war. Ich erklärte ihr, dass ich einen Schwedenofen suchte, und sie meinte: »Da kann ich Ihnen helfen. Vor drei Jahren hat hier jemand einen Schwedenofen gekauft, halb angezahlt und ist dann nie mehr gekommen, um ihn abzuholen. Den kriegen Sie jetzt zum halben Preis.«

Dieser Ofen steht heute bei mir in Uganda. Als ich das erste Mal Feuer machte, erstickten wir alle beinahe, weil meine afrikanischen Mitarbeiter eine Decke in den Kamin eingezogen hatten. Sie wollten vermeiden, dass es in mein Haus hineinregnet. Aber als ich das letzte Mal in Europa war, habe ich ein künstliches Feuer gefunden, das wie ein echtes wirkt. Es gibt zwar keine Wärme ab, aber allein der Anblick macht warm.

Ich will dich ermutigen: Wenn der Herr zu dir spricht, dann folge ihm einfach. Auch wenn es dir zunächst sinnlos erscheint, du unsicher bist oder Angst hast, dich lächerlich zu machen. Tu es einfach. Der Heilige Geist wird dir die richtigen Worte schenken. Lass Gott mir dir machen, was er will – das ist das Geheimnis eines von Segen überfließenden Lebens.

Von Lasten befreit

Ich legte mich schon sehr früh darauf fest, immer brav sein zu wollen, weil ich den Eindruck hatte, meine Geburt habe schon genug Probleme mit sich gebracht. Nun wollte ich meinen Eltern nichts Zusätzliches mehr aufbürden, ihnen keinesfalls zur Last fallen. Also war ich immer lieb und angepasst. Mit etwa 23 Jahren bekam ich starke Osteoporose, ich fühlte mich wie eine hundertjährige Frau. Ich suchte verschiedene Ärzte auf, probierte alles Mögliche aus, aber nichts half. In dieser Zeit ging ich dann mit einer Tiroler Volksmusikgruppe für drei Monate nach Amerika. Danach wollte ich eigentlich an meine Arbeitsstelle in einem Steuerberatungsbüro zurück. Doch Gott hatte andere Pläne …

Schon in den ersten Wochen in den USA bekam ich sehr stark den inneren Eindruck, dass ich bleiben sollte. Meine erste Reaktion war: »Herr, du weißt ja, ich bin krank. Ich habe ein ganz schweres Knochenproblem und man kann sich nicht erlauben, in den USA krank zu sein. Das kann ich mir nicht leisten, die Ärzte sind unverschämt teuer.«

Doch er antwortete nur: »Ich werde dich heilen.«

Na, das würde ja spannend werden, dachte ich mir. Kein Arzt in Europa hatte das zustande gebracht. In Österreich hatte ich jeden Samstag in eine Spezialklinik gemusst, wo man mich mit Schwachstrom behandelt hatte, damit ich es die Woche über schaffte. Ich hatte wirklich sehr starke Schmerzen gehabt.

Ein paar Wochen später träumte ich nachts von der Erzieherin in meinem Kindergarten. Ich fragte mich, warum ich ausgerechnet von ihr träumte – ich hatte sie überhaupt nicht gemocht und außerdem war das Ganze schon sehr lange her.

Gott antwortete mir: »Genau deshalb.«

Also wurde ich hellhörig und wollte weiter wissen: »Okay, was genau soll das? Was soll ich tun?«

Ich glaube, ich war ein neurotisches Kind. Ich mochte keine Berührungen. Um mich zu ärgern, berührten mich die Jungen im Kindergarten deshalb immer wieder heimlich mit den Fingern. Ich brach daraufhin regelmäßig in Tränen aus. Die Kindergärtnerin, die wir »Tante« nannten, schimpfte dann jeweils mit mir, aber niemals mit den Jungen, was mir ein Gefühl großer Schutzlosigkeit gab. Ich kam jeden Tag heulend nach Hause, weshalb mich meine Mutter nach einiger Zeit wieder aus dem Kindergarten nahm. Zwanzig Jahre später begegnete ich übrigens einem dieser Jungen, die mich immer geärgert hatten, an einer

Bushaltestelle. Ich hätte ihn nicht wiedererkannt, aber er konnte sich noch an mich erinnern.

Doch zurück zu meinem Traum mit meiner Kindergartentante. Der Herr forderte mich auf: »Vergib ihr.«

Ich wand mich: »Ich weiß ja nicht einmal, ob sie noch lebt. Und ich kann mich nicht an ihren Namen erinnern.«

Doch der Herr blieb hartnäckig: »Das ist nicht wichtig. Vergib ihr einfach!«

Also entschied ich mich dazu: »Okay. Ich vergebe der Frau, dass sie mich als Kind nicht beschützt hat.« Zu meinem Entsetzen hatte ich den Eindruck, dass sich in mir eine riesige Tonne öffnete, aus der dicke Schlangen kamen. Ich hätte diese Erzieherin in dieser Stunde eigenmächtig umbringen können, wäre sie in meinem Zimmer gewesen. Ich hatte so viel verdrängten Hass in mir und bat Gott um Vergebung für diese Mordgedanken, für diese Bitterkeit, dieses Nicht-Vergeben, dieses Nachtragen, all das, was ich so viele Jahre mit mir herumgeschleppt hatte, ohne mir dessen bewusst zu sein.

Ich hatte keine Ahnung gehabt, was da in mir verborgen gewesen war. Ich hatte diese Erkenntnis auch nicht zugelassen, denn ich war ja ein »braves« Kind. So etwas tat ich nicht. Doch in diesem Moment fiel es mir wie Schuppen von den Augen und ich war entsetzt über mein eigenes Herz. Aber ich empfing vom Herrn Vergebung.

Drei Wochen lang hatte ich jede Nacht einen Traum. Immer kamen Menschen vor, die mich nicht beschützt hatten. Ich hatte mich offensichtlich sehr schutzlos gefühlt; man hatte mich nicht so behandelt, wie ich es gebraucht hätte. Jedes Mal erkannte ich, dass ich ihnen das immer noch nachtrug und dass dies das eigentliche Problem war, nicht das Verschulden. Nicht, was sie getan hatten, sondern wie ich darauf reagiert hatte, war Sünde. Es floss viel Vergebung und Versöhnung in diesen Nächten, in denen mir der Heilige Geist persönlich Seelsorge schenkte.

Nach diesen drei Wochen spürte ich plötzlich in meinem Rücken ein Rieseln und ein angenehmes Wirken, wie ich es von meinen Schwachstrombehandlungen gewohnt war. Ich fragte nur: »Herr, heilst du mich?«

»Ja«, antwortete er.

Er tat es wirklich und die Heilung hat bis heute gehalten, obwohl mir damals vom Arzt prophezeit wurde, dass ich spätestens mit vierzig Jahren im Rollstuhl sitzen würde, wenn es so weiterging. Aber ich bin nie in einem Rollstuhl gesessen und werde auch nie in einem sitzen! Ich bekam dann noch dieses Wort aus Psalm 32,1-5 zu meiner Heilung:

Glücklich ist der, dessen Sünde vergeben ist und dessen Schuld zugedeckt ist. Glücklich ist der, dem der Herr die

Sünden nicht anrechnet und der ein vorbildliches Leben führt! Als ich mich weigerte, meine Schuld zu bekennen, war ich schwach und elend, dass ich den ganzen Tag nur noch stöhnte und jammerte. Tag und Nacht bedrückte mich dein Zorn, meine Kraft vertrocknete wie Wasser in der Sommerhitze. Doch endlich gestand ich dir meine Sünde und gab es auf, sie zu verbergen. Ich sagte: »Ich will dem Herrn meine Auflehnung bekennen.« Und du hast mir vergeben und meine Schuld weggenommen!

Ich bin überzeugt: Schuld und Sünde kann auch zu körperlichen Problemen bei uns führen. Doch das muss uns nicht belasten, denn Gott vergibt uns ja gerne! Wir müssen nur zu ihm kommen und es ihm bekennen. Ich ermutige dich daher, den Heiligen Geist darum zu bitten, dass er dir zeigt, wo noch Unvergebenheit in dir ist. Und dann bring ihm alles, lass dich befreien!

Bei einem Klassentreffen sagte ich einmal zu meinen ehemaligen Klassenkameraden: »Ich bin so glücklich, jetzt bin ich endlich erlöst.«

Sie schauten mich fragend an und meinten: »Erlöst? Wovon denn? Du warst doch immer die Bravste.«

»Ja, aber ich bin vom Bravsein erlöst. Ich darf jetzt auch einmal schlimm sein, aber Gott liebt mich und ich lebe im Licht.«

Ich bin überzeugt: Gott will uns heilen, und zwar durch und durch und durch. Eine Frau kam einmal mit furchtbaren Magenproblemen zu mir. Ich fragte sie, was ihr denn im Magen liege.

»Ach, das habe ich schon mit einem Priester bereinigt.«

Ich ließ jedoch nicht locker: »Was hast du denn da bereinigt?«

»Ich habe mit einem verheirateten Mann ein Verhältnis, aber der Priester hat gesagt, solange wir uns lieben, ist das kein Problem.«

Ich blickte sie offen an und sagte: »Dein Magen ist gescheiter als der Priester. Das ist nicht in Ordnung!«

Unser Körper spricht oft lauter, als wir es gerne hätten, und manche Krankheit, mit der wir uns herumplagen, hat ihren Ursprung in Unvergebenheit oder unserem Lebensstil. Du kannst wie David beten: »Erforsche mich, Gott, und erkenne mein Herz, prüfe mich und erkenne meine Gedanken. Zeige mir, wenn ich auf falschen Wegen gehe, und führe mich den Weg zum ewigen Leben« (Psalm 139,23-24).

Wenn Gott dir etwas zeigt, bekenne es. Lass dich durchfluten von seiner Vergebung, von seiner Reinigung, von seinem Blut, von seiner Gnade. Dann wirst du kein Problem mehr damit haben, an deine Vergangenheit zurückzudenken. Du schämst dich nicht mehr, es tut dir nichts mehr weh, du bist nicht mehr enttäuscht. Es gibt niemanden mehr, an den du mit Groll denkst oder der dich anderweitig belastet. Und keinen Ort, wo du nicht hinmöchtest. Denn du bist frei. Jesus hat alles für dich getragen.

Ich bin so begeistert von Gott. Er hat uns in seinem Sohn alles geschenkt. Aber wir schätzen das manchmal gar nicht richtig. Warum? Weil wir nicht erkannt haben, was sein Erlösungswerk wirklich bedeutet. Jesus ist für unsere Sünden gestorben. Das heißt: Sie sind erledigt. Doch wir müssen die Sünde zuerst bekennen. Wir müssen sie ans Licht bringen und Vergebung empfangen. Wir müssen sie loslassen. Aber Jesus hat noch viel mehr getan. Weil er unsere Strafe auf sich nahm, brauchen wir uns nicht mehr selbst zu geißeln. Doch viele Christen tun das noch. Sie versuchen, dem vollkommenen Werk Jesu etwas hinzuzufügen. Das ist letztlich Unglaube.

Einmal war ich eingeladen, in Österreich auf einer Konferenz zum Thema Vergebung zu sprechen. Ich bereitete mich gut vor, aber vor Ort warf Gott mein Konzept über den Haufen. Denn er schenkte mir während des Lobpreises eine Erkenntnis. Er zeigte mir, dass es drei Sorten von Menschen gibt. Die einen stehen vor dem Kreuz und deuten auf Gott: »Du bist schuld! Warum hast du das zugelassen? Warum, warum, warum, warum?« Das ist Rebellion. Die nächsten zeigen auf andere: »Du bist schuld. Du, du, du.« Sie wälzen die Verantwortung auf andere ab. Und die dritten geißeln sich selbst – sie deuten also auf sich. Das ist Selbsthass. Doch alle drei liegen sie daneben. Alle drei kommen sie nicht in den Strom der Liebe und der Vergebung Gottes. Denn er hat schon alles getan, was für Versöhnung nötig ist.

Hör auf, andere verantwortlich zu machen. Deine Reaktion auf die Handlungen anderer macht dich entweder bitter oder besser. Mach auch Gott nicht verantwortlich. Er macht keine Fehler. Und schließlich: Zerfleische dich auch nicht selbst. Du bist in Christus eine neue Kreatur – das Alte ist vergangen und Neues ist geworden (2. Korinther 5,17).

Deine Reaktion auf die Handlungen anderer macht dich entweder bitter oder besser.

Jesus wurde für uns geschlagen, damit wir heil werden (Jesaja 53,5). Er hat also für alle Krankheiten schon bezahlt. Wieso wollen wir es dann noch tun? Es ist genau so, wie wenn uns jemand zu einem feinen Essen ausführt und die Rechnung übernimmt, aber wir trotzdem dauernd zum Kellner gehen und bezahlen wollen. Das ist eigentlich ziemlich dumm. Aber so verhalten wir uns oft in Bezug auf Gott. Wir wollen etwas tun, was er schon getan hat. Doch das ist nicht nötig.

»An seinem eigenen Körper hat er unsere Sünden an das Kreuz hinaufgetragen, damit wir für die Sünde tot sind und für die Gerechtigkeit leben können. Durch seine Wunden seid ihr geheilt worden!« (1. Petrus 2,24). Jesus wurde für uns zur Sünde, dass wir seine Gerechtigkeit werden. So steht es auch im 2. Korintherbrief 5,21: »Denn Gott machte Christus, der nie gesündigt hat, zum Opfer für unsere Sünden, damit wir durch ihn vor Gott gerechtfertigt werden können.«

Jesus ist den Tod gestorben, den wir alle verdient haben. In der Bibel heißt es außerdem, dass wir den Tod nicht sehen werden (Johannes 8,51). Der Tod ist der Teufel. Jesus wurde für uns zum Fluch gemacht, damit wir den Segen bekommen. Jesus hat unsere Armut ans Kreuz genommen, damit wir an seiner Fülle teilhaben können. Jesus hat unsere Schande getragen, damit wir in seiner Herrlichkeit leben. Jesus hat unsere Ablehnung ans Kreuz genommen, damit wir in ihm die volle Annahme haben. Jesus hat die Trennung von Gott auf sich genommen, damit wir ewige Gemeinschaft mit Gott haben können. Das war übrigens der schlimmste Augenblick im Leben Jesu. Als er unsere Sünde auf sich nahm, musste der Vater sich abwenden. Deshalb rief er: »Gott, mein Gott, warum hast du mich verlassen?« (Matthäus 27,46). Die Trennung von seinem Vater war das Schrecklichste für ihn, aber er hat sie für dich und mich auf sich genommen. Der alte Mensch ist mit Jesus am Kreuz gestorben, sodass der neue Mensch in uns leben kann. Du bist von deinen Lasten befreit.

Vom Huhn zum Adler

Hast du Gott schon einmal einen Brief geschrieben? Ich kann dich nur sehr ermutigen, es zu tun. Sag ihm ganz ehrlich, wie es in dir aussieht, was dich bewegt, bring ihm auch deine Fragen und Klagen. Du darfst wirklich alles vor ihn bringen. Das ist sozusagen der erste Teil der Übung. Aber ich habe noch eine zweite Herausforderung für dich. Du sollst nämlich auch einen Brief von Gott empfangen. Nämlich darüber, wie er dich sieht. Du wirst staunen, was er da alles zu sagen hat.

Wie du das am besten machst? Schließe in Jesu Namen alle Kanäle, die nicht vom Heiligen Geist sind. Sag ihm, dass du nur seine Stimme hören willst. Und dann schreib einfach auf, was Gott dir diktiert. Natürlich solltest du hinterher prüfen, ob wirklich alles von der »himmlischen Presse« ist – also ob es mit dem übereinstimmt, was das Wort Gottes sagt.

Wenn ich das tue, sagt Gott mir jedes Mal, dass er mich liebt. Und ich habe noch nie darauf geantwortet: »Das hast du mir doch schon das letzte Mal gesagt, hast du nicht mal was Neues für mich?« Nein, vor allem wir Frauen müssen immer wieder hören, dass wir geliebt sind. Wenn es um diese drei Wörtchen geht, haben wir das kürzeste Gedächtnis.

Ich war ja einige Jahre mit meinem lieben Herbert verheiratet. Am Anfang unserer Ehe sagte er mir täglich mehrere Male, dass er mich liebte, doch mit der Zeit kam es immer seltener vor. Das störte mich und ich wollte ihn wieder neu daran erinnern, wie wichtig mir das war. Daher meinte ich zu ihm:

»Du, da war doch so was Kurzes. Drei Wörtchen, weißt du noch? Drei Wörtchen, die mich so glücklich gemacht haben, aber es ist schon so lange her, ich weiß gar nicht mehr, welche das waren.«

Herbert erwiderte darauf: »Ach so. Du meinst sicher: Heute regnet es.«

»Nein.«

»Oder: Ich habe Hunger?«

»Nein!«

Er wusste ganz genau, worum es ging. Und dann sagte er es endlich: »Ich liebe dich.« Das war's!

Ich habe keinen einzigen langweiligen Tag. Mit Jesus ist immer alles Freude.

Frauen leben von den Worten, die sie hören. Männer von dem, was sie sehen. So ist das eben, so sind wir gemacht.

Ich kann dir sagen: Gott hört nie auf, dir zu sagen, dass er dich liebt. Und ich wünsche dir eine neue Dimension der Lebensfreude. Eine neue Dimension der Lebenserwartung, der Verbindung mit Gott. Dann geht die Post ab. Ich habe keinen einzigen langweiligen Tag. Mit Jesus ist immer alles Freude. Und Überraschung, Abenteuer. Es ist unglaublich spannend.

Als wir einmal mit dem Auto unterwegs waren und einen Anhänger dabeihatten, nahmen wir einen Drachenflieger mit, der an der Straße stand und zu seinem Ausgangspunkt zurückwollte. Ich fragte ihn:

»Und, macht das eigentlich viel Spaß?«

»Ja, es ist unglaublich spannend, wenn man in der Luft ist und es um einen herum nur so zischt.«

Ich sah ihn kurz an und antwortete dann: »Das erlebe ich jeden Tag.«

Nun war er richtig überrascht und fragte: »Wie bitte?! Sie fliegen auch?«

Darauf ich: »Ja, ich fliege wie ein Adler. Ich fliege in den Lüften Gottes.«

Ich führte den jungen Mann noch im Auto zu Jesus. Ich erklärte ihm, dass er diese Art von Aufregung, die ja wirklich gefährlich ist, nicht mehr braucht. Er solle stattdessen mit Gott fliegen. Er ließ sich darauf ein.

Gott möchte, dass wir fliegen wie Adler und nicht wie Hühner. Ich vergleiche uns Christen ja gern mit Vögeln – dabei kann man ganz schön spannende Dinge entdecken. Zum einen sind da die Hühner ...

Mir sagte einmal jemand: »Maria, du verhältst dich wie ein Huhn.«

Das fand ich kein so schönes Kompliment. Deshalb wollte ich wissen: »Und, wie ist ein Huhn?«

Derjenige erzählte mir dann, dass sein Vater einen Hühnerstall gehabt hatte. Als Kind war er stundenlang davorgesessen und hatte kleine Steinchen hineingeworfen. Immer wieder kamen die Hühner angerannt, weil sie dachten, es handele sich um Futter. Auch beim fünfzigsten Mal eilten sie noch herbei. Sie kapierten nie, dass es nur Steinchen waren. »Du rennst genauso. Der Feind wirft kleine Steinchen in dein Leben und du kommst jedes Mal angerannt, lässt dich aufscheuchen und in Unruhe versetzen. Du lernst einfach nicht dazu.«

Nun, zunächst einmal musste ich ganz schön schlucken. Doch ich ging dann in mich und erkannte, dass es wahr war. Seither passe ich auf, ob es sich um ein Steinchen vom Feind oder ein Körnchen von Gott handelt, bevor ich mich aufscheuchen lasse.

Allgemein sind Hühner-Christen furchtsam und erreichen selten ihr Potenzial im Leben. Sie leben innerhalb der Grenzen ihres Zauns und sind damit zufrieden. Weil sie viel flattern, werden sie schnell müde und wirbeln unnötig viel Staub auf. Keiner hat Freude an viel Einsatz mit wenig Erfolg. Dabei brennt man nur aus. Mit Flattern kann man nichts verändern. Jesus will nicht, dass wir als »ängstliche Hühner« durchs Leben flattern!

Dann gibt es Papageien im Reich Gottes. Sie stehen für Christen, die zwar das Richtige reden, aber es nicht umsetzen. Sie tun etwas, weil jemand anderes es tut, aber sie haben keine Ahnung, was es bedeutet. Sie plappern Dinge nach und ahmen andere nach, ohne wirklich sie selbst zu sein. Dabei ist es so wichtig, dass wir wir sind – denn Gott hat uns als Unikate geschaffen und jeden mit einzigartigen Fähigkeiten ausgestattet. Jeder kann einen Beitrag zum Reich Gottes leisten, den nur er bringen kann – niemand sonst. Aber wenn du nicht du bist, sondern eigentlich jemand anderes sein willst, dann kannst du auch nicht das tun, was Gott für dich vorgesehen hat.

Es gibt noch viele weitere Vögel im Reich Gottes. Da sind die Geier-Christen, die sich am Aas freuen, an dem, was stinkt. Sie konzentrieren sich nur auf Probleme und reden gern schlecht über andere. Oder die Pfauen, die sich anderen überlegen fühlen. Sie meinen, sie hätten die Wahrheit gepachtet. Die Not anderer interessiert sie nicht besonders. Sie sind sich selbst die Nächsten.

Pelikane sind sehr dicke, fette Vögel, die den ganzen Tag über fast nichts anderes tun, als zu fressen. Wenn Christen im übertragenen Sinne diesen enormen Appetit in das Wort Gottes investieren, dann werden sie zu »heiligen Vögeln«, dann werden sie zu »geistlichen Riesen«. Aber wenn sie ihr Interesse nur auf andere Dinge lenken, die eher belanglos und kaum mehr als ein Zeitvertreib sind, dann betrügen sie sich selbst, obwohl sie meinen, zufrieden zu sein. Letztendlich dürfen sie sich nicht wundern, wenn sie keine geistlichen Durchbrüche erleben.

Kuckucks-Christen legen ihre Eier in fremde Nester – das heißt, dass sie immer von anderen erwarten, dass sie ihre Lasten tragen. Sie machen andere für das Wohlbefinden ihres Lebens verantwortlich. Statt sich selbst zu engagieren und Verantwortung zu übernehmen, erwarten sie, dass der Pastor ihre Bedürfnisse befriedigt und dass ihre Umgebung sich um ihr Wohl kümmert. Kanarienvögel wiederum verbringen die meiste Zeit ihres Lebens im Käfig. Vielleicht ist dieser Käfig religiöse Tradition – man wagt sich nicht heraus und lässt sich niemals auf Neues ein. Dadurch können diese Vögel aber auch ihr Potenzial nicht ausschöpfen.

Hast du dich in einer der Beschreibungen wiedergefunden – und es gibt durchaus noch weitere Parallelen zwischen Vögeln und uns? Bist du vielleicht ein Huhn, das viel Lärm um nichts macht? Oder ein Pelikan, der sich mit allem Möglichen füllt, aber nicht mit dem Wort Gottes? Bringe Gott das, was du erkennst, und kehre um. Letztlich möchte der Herr, dass wir wie die Adler sind. Adler sind kühn, stark und absolut hingebungsvoll, wenn es darum geht, ihren Nachwuchs aufzuziehen. Es sind wunderbare Vögel, die im Sturm höher und höher steigen und ihr wahres Potenzial entfalten, ohne müde zu werden. Wie sie sind wir zu einem Leben in Freiheit berufen. »Die, die auf den Herrn warten, gewinnen neue Kraft. Sie schwingen sich nach oben wie die Adler. Sie laufen schnell, ohne zu ermüden. Sie gehen und werden nicht matt« (Jesaja 40,31).

Möchtest du hundertprozentige Sache machen und dem Heiligen Geist erlauben, voll und ganz in dein Leben zu kommen? Dann überwinde dein Hühnerdenken und brich in die Berufung auf, die der Herr für dich hat.

Schmerzen, die Leben bringen

Wir warten oft auf ein magisches Wort, das alles besser machen soll. »Abrakadabra« – und schon ist alles gut, unsere Sorgen sind vorbei. Aber so funktioniert es nicht. Gott möchte mit dir, in dir, durch dich arbeiten. Er will dich dorthin bringen, wo dein Herz voll und ganz im Takt mit seinem Herzen schlägt. Wo du nur die Lasten trägst, die Gott dir gibt. Nicht die Lasten, die die Welt dir auferlegen möchte. Diese beiden Arten musst du nämlich gut unterscheiden. Oft wollen wir Lasten tragen, die gar nicht für uns gedacht sind.

Gott will dich dorthin bringen, wo dein Herz voll und ganz im Takt mit seinem Herzen schlägt.

Während der Zeit, als ich in Amerika lebte, war ich einige Male mit amerikanischen Evangelisten in Europa und begleitete sie auf ihren Reisen. Ich war dann ihr Fahrer und Übersetzer. Einmal kamen wir auch in meine Heimat Österreich. Ich saß am Steuer und fuhr durch die mir so wohlvertraute, wunderschöne Landschaft, doch auf einmal musste ich fürchterlich zu weinen anfangen. Es war ein

Weinen, das aus meinem tiefsten Innersten kam. Doch ich wusste überhaupt nicht, warum ich so aufgewühlt war. Deshalb fragte ich Gott: »Herr, was ist los?« Und er antwortete: »Ich gebe dir meinen Schmerz über Österreich. So viel Religion und so wenig Glaube.« Und ich weinte und weinte.

Und dann warnte mich Gott: »Aber mach nicht denselben Blödsinn wie damals auf der Gebärstation in der Klinik in Vorarlberg.«

Ich fragte entrüstet: »Moment, was habe ich denn da gemacht?« Doch er erinnerte mich an die Situation. Es gab eine Zeit in meinem Leben, in der ich so viele gute Werke wie möglich tun wollte. Ich war richtiggehend rastlos und ständig im Einsatz. Sogar am Sonntag war ich als Volontärin in einer Klinik aktiv, um die Krankenschwestern bei leichteren Aufgaben etwas zu entlasten. Einmal war ich auf der Gebärstation eingeteilt. Dort fiel mir eine Frau auf, die offensichtlich starke Schmerzen hatte und ständig auf dem Gang auf und ab ging. Ich betete für sie und massierte sie etwas. Und der Schmerz ging tatsächlich weg. Wir waren beide dankbar. Bis uns der Arzt erwischte. Der machte mich zur Schnecke und meinte: »Wenn Sie diesen Schmerz nicht aushalten können, dann haben Sie auf meiner Station nichts verloren. Das waren nämlich Geburtswehen und die sind nötig, damit ein Kind auf die Welt kommen kann. Jetzt muss ich sie einleiten, das ist viel schlimmer als vorher.«

Das war eine ganz wichtige Erkenntnis für mich. Es gibt Schmerzen, die Leben bringen, und die darf man nicht wegbeten oder wegmassieren. Als ich damals durch Österreich fuhr und so weinen musste, erinnerte der Herr mich nun wieder daran. Ich musste den Schmerz über meinem Land spüren und aushalten, damit ich für meine Heimat beten konnte, damit ich eine echte Last empfand. Gott zeigte mir seinen Schmerz, damit ich als Fürbitterin für Österreich eintreten konnte, dass der Heilige Geist aus diesem religiösen Volk ein Volk des Glaubens macht. Denn nicht Religion, sondern allein der Glaube macht uns wohlgefällig vor Gott. Nur der Glaube versetzt Berge, nicht religiöse Übungen. Ich habe dann viel gebetet, dass Österreich in eine Liebesbeziehung mit Jesus Christus durchbricht.

Heute sage ich bei Schmerzen: »Noch mehr, Herr. Presswehen.« Bis das Leben das Licht der Welt erblickt. Auf Englisch gibt es da einen guten Spruch: »Because if God fixes a fix to fix you and you fix the fix, he has to fix another fix to fix you.« Wenn wir die Situationen, in die Gott uns erlaubt zu kommen, immer auflösen wollen – und es gibt da ja ganz verschiedene Arten von Schmerztabletten, mit denen wir uns zu betäuben versuchen –, dann muss Gott permanent wieder andere Situationen erlauben und herbeiführen, damit wir in sein Leben durchbrechen.

In diesem Zusammenhang fällt mir eine Frau ein, der ich einmal begegnet bin. Sie war gerade im Begriff, sich von ihrem fünften Mann zu trennen. Ich wollte natürlich wissen, wieso.

»Ich habe so ein Pech und heirate immer den falschen Mann«, erzählte sie mir.

Ich fragte vorsichtig nach: »Könnte es vielleicht sein, dass du auch mal die falsche Frau warst?«

Ihre Reaktion werde ich nie vergessen. Gerade, dass sie mir nicht an die Gurgel ging ... Sie brüllte mich an, sprang auf, knallte die Tür zu und war verschwunden. Wahrscheinlich ist die fünfte Scheidung mittlerweile durch und vielleicht versucht sie ihr Glück gerade mit dem sechsten Mann. Ich vermute, dass sie denkt, sie könne ihre Probleme in einer Ehe lösen – wenn sie nur den richtigen Mann findet. Dabei hat sie nicht erkannt, dass sie selbst das Problem ist. Stattdessen war sie zornig und wütend auf mich, dass ich ihr diese gemeine Frage stellte. Dabei wäre es das Richtige, dass sie das, was ihr offensichtlich wiederholt so viel Mühe bereitet, einmal aushält, sich ihren Erwartungen und Themen stellt und dadurch einen Reifungsprozess durchmacht und zum Leben durchbricht. Aber das verweigerte sie. Sie vermied jede Art von Leiden, auch wenn es heilsam gewesen wäre.

Als ich einmal beim Laubhüttenfest in Jerusalem war, begegnete ich einer Gruppe von chinesischen Christen, die alle total strahlten. Ich sprach daraufhin eine Frau an und wollte wissen, ob es stimmt, dass Christen in China Verfolgung erleben. Sie bejahte und erklärte mir, dass das sehr stark der Fall sei.

»Warst du selbst schon im Gefängnis?«, fragte ich sie.

»Ja.« Es stellte sich heraus, dass sie schon zehn Jahre wegen ihres Glaubens hinter Gittern hatte verbringen müssen.

»Und wurdet ihr dort auch gefoltert?«, fragte ich weiter.

Sie antwortete: »Das war an der Tagesordnung. Doch wir schrieben Lobpreislieder und dankten Gott, dass er uns für würdig erachtete, um seines Namens willen zu leiden.«

Was für ein Vorbild! Da war eine Kraft in dieser Frau. Eine Überwinderkraft. Die ganze chinesische Gruppe strahlte etwas ganz Besonderes aus. Natürlich hätten sie lieber nicht gelitten, aber als sie dann in der Situation waren, haben sie den Schmerz angenommen und ihn zum Segen werden lassen. Sie fühlten sich von Gott geehrt, dass sie um seines Namens willen leiden durften.

Wie ist das bei dir? Läufst du dem Schmerz immer davon oder kannst du ihn auch einmal aushalten? Kannst du ihn dir zum Segen werden lassen? Denn das hat Gott verheißen:

Glücklich sind die Menschen, die in dir ihre Stärke finden und von Herzen dir nachfolgen. Wenn sie das Tal der Tränen durchqueren, wird es ihnen zu einem Ort erfrischender Quellen und der Frühregen bedeckt es mit Segen. So bekommen sie immer wieder neue Kraft und erscheinen in Jerusalem vor Gott.

Psalm 84,6-8

Nimm dir doch demnächst einmal Zeit zum Beten. Und bitte Gott, dir zu zeigen, ob noch etwas in dir ist, was wehtut, was du verdrängt hast und was negative Auswirkungen in deinem Leben hat. Du kannst zum Beispiel die folgenden Worte dafür benutzen:

Vater im Himmel,
du kennst mich ganz genau, du weißt alles von mir.
Du kennst meine Geschichte,
sogar bis zurück in den Mutterleib
und die Stunde der Empfängnis.
Du weißt, wo sich in mir Schmerz angestaut hat,
wo mir Ablehnung begegnet ist.
Bitte zeige mir das.
Vater, ich bitte dich,
dass du mich auch aufmerksam darauf machst,
wo ich falsch auf bestimmte Erlebnisse reagiert habe,
die du zugelassen hast.

Zeig mir, wo ich noch nicht in ein Leben der Liebe,
der Freude,
der vollkommenen Versöhnung
und Vergebung durchgebrochen bin.
Und hilf mir zu erkennen, wie sehr du mich liebst,
und in diese Liebe voll und ganz einzutauchen.
In Jesu Namen. Amen.

Wenn Gott dir etwas zeigt, dann besprich es mit ihm, bring es zu ihm ans Kreuz. Er will dir kein schlechtes Gewissen machen, er will einfach, dass es rauskommt und du frei werden kannst. Deswegen gib es ihm, lass dich von ihm berühren und heilen – und dann ist es gut.

Zu meinem Mann sagte Gott, dass er mich ihm als Balsam für sein Herz geschenkt habe. Nachdem wir ein Jahr verheiratet waren, meinte Herbert zu mir: »Ich glaube, du bist eine Zugsalbe.« Denn in so einer Beziehung treten in Konflikten natürlich auch die schlechten Seiten von einem selbst zutage.

Ich entgegnete: »Kann sein. Aber eine Zugsalbe bringt nur den Dreck heraus, der auch rausmuss. Wenn man Zugsalbe auf eine gesunde Stelle streicht, wird nichts passieren – da gibt es ja nichts rauszuziehen.« Das leuchtete ihm dann ein.

Ich glaube, wir Menschen sind generell Zugsalben füreinander. Damit der Dreck herauskommt und wir frei werden. Damit unser Herz zu blühen beginnt. Zu blühen in seiner Liebe.

> Wir haben erkannt, wie sehr Gott uns liebt, und wir glauben an seine Liebe. Gott ist Liebe, und wer in der Liebe lebt, der lebt in Gott und Gott lebt in ihm. Und wenn wir in Gott leben, dann kommt seine Liebe in uns zum Ziel. Und wir können dem Tag des Gerichts mit Zuversicht entgegensehen, denn wir leben in dieser Welt in derselben Gemeinschaft mit Gott wie Christus. Und unsere Liebe kennt keine Angst, weil die vollkommene Liebe alle Angst vertreibt. Wer noch Angst hat, rechnet mit Strafe, und das zeigt, dass seine Liebe in uns noch nicht vollkommen ist. Wir wollen lieben, weil er uns zuerst geliebt hat.
>
> *1. Johannes 4,16-19*

Ja, Liebe kennt keine Angst und wir dürfen Gott getrost alles bringen. Wir dürfen mit ihm auch durch Leid und Schmerzen gehen – er wird uns hindurchtragen. Es wird uns nicht zerstören, sondern im Gegenteil stärker machen und uns Segen schenken. Er hat den Überblick. Doch wir müssen uns auch für diese Wege des Herrn öffnen, die nicht immer einfach sind.

Berufen zu herrschen

Immer wieder bewegt mich eine Stelle aus Johannes 15:

> Ich bin der wahre Weinstock und mein Vater ist der Weingärtner. Er schneidet jede Rebe ab, die keine Frucht bringt, und beschneidet auch die Reben, die bereits Früchte tragen, damit sie noch mehr Frucht bringen (Verse 1-2).

Ich habe den Eindruck, dass Gott in unseren Tagen viele Reben wegnimmt, die keine Frucht für das Reich Gottes bringen – alle unsere falschen Sicherheiten, unsere Götzen, in denen wir außerhalb von unserer Liebesbeziehung zu ihm unseren Halt suchen. Wie macht er das? Indem er uns beschneidet. In manchen Übersetzungen heißt es an dieser Stelle auch »reinigt«. Gott reinigt uns von allem, was da nicht hingehört, damit wir mehr Frucht für ihn bringen können.

Ich wollte von Gott wissen, warum er die Rebstöcke beschneidet. »Damit sie ihre Wurzeln tiefer in die Erde graben können«, meinte er. »Ein Baum, der beschnitten wird, sucht tiefer im Erdreich nach neuer Nahrung.«

Ich glaube, dass Gott manchmal Krisen benutzt, zum Beispiel auch die Corona-Pandemie, um Menschen in eine tiefere Beziehung zu ihm zu führen. Denn es kommen dann Fragen hoch wie: Wozu bin ich auf der Welt? Was ist eigentlich der Grund, warum ich lebe? Worin finde ich echte Sicherheit? Was ist das Ziel meines Lebens?

Gott rüttelt und schüttelt uns manchmal, damit wir in die Bestimmung hineinkommen, die wir von Anfang an eigentlich von ihm bekommen haben. Doch wir verlieren sie immer wieder aus den Augen und suchen uns andere Wege. So laufen wir in die Irre. Im Folgenden will ich dir einige Schriftstellen vorstellen, die ganz klar zeigen, was Gottes Ziel mit uns ist. Es beginnt schon direkt am Anfang der Bibel, in 1. Mose 1,26: »Da sprach Gott: ›Wir wollen Menschen schaffen nach unserem Bild, die uns ähnlich sind.‹«

Das musst du dir einmal klarmachen: Du bist Gott ähnlich! Du hast Eigenschaften von Gott! Und du sollst diesen Gott hier auf der Welt repräsentieren und sichtbar werden lassen:

> Sie sollen über die Fische im Meer, die Vögel am Himmel, über alles Vieh, die wilden Tiere und über alle Kriechtiere herrschen. So schuf Gott die Menschen nach seinem Bild, nach dem Bild Gottes schuf er sie, als Mann und Frau schuf er sie (Verse 26-27).

Als junges Mädchen bekam ich von meinem Vater einen wunderschönen Hund geschenkt, einen Collie. Wir nannten ihn »Florlie« und er war der perfekte Familienhund, so sanftmütig und lieb war er. Doch die Hunde in der Umgebung gingen alle auf ihn los und bissen ihn sogar manchmal – er wehrte sich nicht einmal.

Eines Tages passierte Folgendes: Ich ging mit ihm spazieren und merkte mit einem Mal, dass nicht ich ihn führte, sondern er mich. Immer musste ich dort hingehen, wo er mich hinzog. Ich erinnerte mich daraufhin, dass es in der Bibel heißt, dass wir über die Tiere herrschen sollen. Also ließ ich den Knaben vor mir Sitz machen und sagte zu ihm: »So, jetzt hör mal zu. Nicht du gehst mit mir spazieren, sondern ich mit dir, hast du kapiert? Von jetzt an sage ich dir, wo es langgeht!«

Als er mich beim nächsten Mal in die falsche Richtung ziehen wollte, sagte ich nur scharf: »Florlie!«, und er gehorchte sofort und ging mit mir in die richtige Richtung. Von da an folgte der Hund mir immer brav.

Nach einem ausgedehnten Spaziergang näherten wir uns eines Tages langsam wieder unserem Haus. Da hörten wir den Nachbarhund bereits von Weitem bellen, einen bösen, bissigen Schäferhund, der sich schon öfter an Florlie »vergriffen« hatte. Er kam die Straße entlang direkt auf uns zugerast. Mein Hund wurde sehr nervös und ich ließ ihn von der

Leine. Er lief dem anderen ein paar Schritte entgegen und setzte sich dann mitten auf die Straße. Der Schäferhund kam weiter keifend und bellend auf ihn zu. Doch Florlie machte keine Bewegung. Er saß einfach dort, erhobenen Hauptes. Kurz vor ihm bremste der Nachbarhund ab, zog den Schwanz ein und kehrte um, ohne ihn zu beißen.

Was mich dieses Erlebnis gelehrt hat? Wenn du unter Autorität bist, dann hast du Autorität. Und von diesem Tag an wurde Florlie von keinem Hund mehr gebissen. Das Gleiche gilt für uns Menschen. Wir müssen unter die richtige Autorität kommen, und zwar die Autorität Gottes. Dann haben wir auch Autorität.

Gott will also, dass wir über die Tiere herrschen – das sehen wir schon am Anfang der Bibel. Herrschen heißt dabei natürlich nicht, sie auszubeuten oder gar zu quälen. In Uganda befindet sich unser Werk auf einem großen Gelände, auf dem sich auch viele Hunde und Katzen tummeln. Ich predige ihnen immer wieder das Evangelium (selbst den Mäusen!), und während es früher regelmäßig Kämpfe zwischen ihnen gab und wir manchmal nachts aufwachten, weil sie bellten und miauten, fangen sie jetzt an, sich zu respektieren und sogar zu lieben. Sie fressen zum Beispiel nicht mehr aus den Näpfen der anderen. Meinen Hund habe ich schon erwischt, wie die Katzen in seinen Schwanz oder an sein Bäuchlein gekuschelt schliefen.

Als ich einen kleinen Hasen geschenkt bekam, nahm mein Hund ihn an wie sein Baby. Er packte ihn vorsichtig im Genick, trug ihn herum und niemand durfte sich dem Hasen nähern. Einmal bekam ich Besuch von einem hohen Beamten der Regierung. Mein Hund lag da, mit einem Kätzchen an seinem Bäuchlein und dem Hasen an seinem Schwanz. Er staunte nur und meinte: »Was ist denn das hier, das habe ich ja noch nie gesehen!«

Ich entgegnete: »Das ist Reich-Gottes-Leben. Gott möchte, dass wir uns alle lieben.« Das ist die Vision seines Friedensreiches, die wir auch in Jesaja 11,6-8 nachlesen können:

> Dann werden der Wolf und das Lamm einträchtig zusammenleben; der Leopard und die Ziege werden beieinander lagern. Kalb, Löwe und Mastvieh werden Freunde und ein kleiner Junge wird sie hüten. Kuh und Bär werden miteinander weiden. Ihre Jungen werden nebeneinander ruhen. Der Löwe wird Stroh fressen wie das Vieh. Der Säugling spielt am Schlupfloch der Otter. Ja, ein Kleinkind steckt seine Hand in eine Giftschlangenhöhle.

Ich habe sogar schon meinen Blumen befohlen, besser zu blühen, und meinen Bäumen, mehr Früchte zu bringen, in Jesu Namen. Und sie tun es, sie tun es tatsächlich.

Wir sind also geboren, um zu herrschen. Allerdings nicht über Menschen. Das heißt nicht über den Ehepartner, den Chef, den Kollegen oder wen auch immer. Wir sollen nur dort herrschen, wo uns der Herr den Auftrag dazu gegeben hat.

In Lukas 10,19 finden wir einen weiteren Bereich, wo wir herrschen sollen, der jedoch von vielen Christen gar nicht beachtet wird. Ich jedenfalls habe noch kaum eine Predigt darüber gehört. Da heißt es:

> Ich sah den Satan wie einen Blitz vom Himmel fallen! Ich habe euch Vollmacht über den Feind gegeben; ihr könnt unter Schlangen und Skorpionen umhergehen und sie zertreten. Nichts und niemand wird euch etwas anhaben können.

Das ist ein Wort, das man sich auf der Zunge zergehen lassen und mit Glauben mischen muss. Gott hat uns Macht gegeben, auf Schlangen und Skorpione zu treten und den Feind zu besiegen. Nichts soll uns schaden. Nicht wir sollen uns vor dem Feind fürchten, sondern er sich vor uns. Wir können ihm im Namen Jesu gebieten und er wird keine Macht mehr haben. Doch wir lassen ihm oft zu viel Freiraum, anstatt uns ihm in der Autorität Jesu entgegenzustellen.

Ich stand schon öfters des Morgens auf und sagte: »Feind, heute ist dein Tag verhunzt. Ich stehe auf, ich fange an zu herrschen.« Das ist das Herrschen, das Gott uns erlaubt. Über die Kreatur, über die Schöpfung, über die Macht des Satans. Aber gilt das nur für diese Erde oder geht es auch weiter, wenn wir hier Abschied nehmen müssen? In Offenbarung 20,6 heißt es: »Glücklich und heilig sind die, die an der ersten Auferstehung teilhaben. Über sie hat der zweite Tod keine Macht, sondern sie werden Priester Gottes und Christi sein und tausend Jahre lang mit ihm herrschen.« Herrschen ist also auch unsere Zukunft. Ist das nicht wunderbar?

Nicht wir sollen uns vor dem Feind fürchten, sondern er sich vor uns.

Vielleicht denkst du jetzt, dass du das gar nicht wunderbar findest, weil du mit Herrschen etwas sehr Negatives verbindest. Möglicherweise hast du schlechte Erfahrungen damit gemacht und es gab Autoritätspersonen in deinem Leben, die auf keine gute Weise geherrscht haben. Und ja, natürlich missbrauchen Menschen ihre Autorität immer wieder und herrschen auf keine gute Weise. Doch das heißt nicht, dass das Herrschen an sich etwas Schlechtes ist. Nein, es ist sogar unser Auftrag. Es ist ein Befehl von Gott an uns, den wir ernst nehmen müssen. Nur müssen wir darauf achtgeben, dass wir nicht über das Falsche herrschen oder es ohne den Herrn tun.

Doch wir werden nicht nur tausend Jahre herrschen, sondern für immer:

Nichts wird je wieder unter einem Fluch stehen. Denn der Thron Gottes und des Lammes wird dort sein, und seine Diener werden ihn anbeten. Und sie werden sein Gesicht sehen, und sein Name wird auf ihren Stirnen geschrieben stehen. Und es wird dort keine Nacht mehr geben – man wird weder Lampen noch das Licht der Sonne brauchen –, weil der Herr, Gott, über ihnen leuchten wird. Und sie werden für immer und ewig herrschen.

Offenbarung 22,3-6

Wir sind berufen zu herrschen. Nicht irgendwann in der Zukunft, sondern wir dürfen jetzt schon damit anfangen. Wie kann das praktisch aussehen?

Zum Beispiel können wir bestimmen, welcher Geist dort, wo wir leben, herrschen soll. Ich bin sehr gastfreundlich und viele verschiedene Leute gehen bei mir ein und aus. Doch nicht alle bringen den besten Geist mit sich. Wenn ich dann wieder allein bin, mache ich alle Fenster auf und gebiete dem Feind, mein Haus zu verlassen und nie mehr wiederzukommen. Ich schmeiße alle Mächte der Finsternis in Jesu Namen raus. Türen und Fenster salbe ich hin und wieder mit einem Kreuz aus Öl. Dann mache ich Lobpreismusik an und tanze mit Gott in der Wohnung herum. Wir genießen gemeinsam die Freiheit von allem Schlechten und Bösen.

In Uganda gibt es viele Gläubige in der Regierung – angefangen vom Präsidenten und seiner Frau. Auch die Gesundheitsministerin ist Christin. Als es einen Ebolaausbruch gab, errichtete sie einen Altar im Ministerium und betete mit ihren Mitarbeitern jeden Tag dafür, dass Uganda verschont werde. Sie hat in der Autorität, die ihr von Gott gegeben wurde, befohlen, dass Ebola keinerlei Chance in diesem Land hat. Und tatsächlich war das der Fall. Bisher wurde Uganda auf ähnliche Weise auch vom Corona-Virus weitestgehend verschont im Vergleich zu anderen Ländern. Wir beten, dass niemand durch diesen Virus frühzeitig in die Herrlichkeit abberufen wird.

Wie ist das bei dir? Herrschst du schon oder lässt du dir noch immer von anderen, den Umständen oder dem Feind in deinem Leben herumpfuschen? Was hindert dich daran, die Autorität in Jesu Namen zu ergreifen? Wenn du merkst, dass du dich ganz allgemein mit dem Thema Herrschen schwertust, dann bitte Gott, dir zu offenbaren, warum das so ist. Vielleicht zeigt er dir eine Situation oder einen Menschen aus deiner Vergangenheit. Ich ermutige dich: Bring es vor den Herrn, lass los und lass dir von ihm eine Vision schenken, wie Herrschen in seinem Namen aussehen kann.

Die Macht deiner Worte

Ich glaube, dass wir jetzt in den letzten Tagen leben. Gott möchte uns auf die Ewigkeit vorbereiten. Es geht jetzt nicht mehr um ein Halbwegs-Christentum. Wischiwaschi-Christen haben keine Autorität mehr. Nein, es geht um hundertprozentige Nachfolge, darum, dass wir voll und ganz mit Jesus Christus eins werden. Ich möchte dich wirklich ermutigen: Fang an zu herrschen. Und zwar über alles, was nicht aus dem Reich Gottes kommt. Du wirst sehen, wie Gott dich dann segnen wird. Er nimmt unsere Worte nämlich sehr ernst.

In Sprüche 16,7 heißt es: »Der Mund des Narren ist sein Untergang; seine Lippen bringen ihn ins Verderben.« Oft beten wir für irgendetwas, aber eine halbe Stunde später machen wir mit unseren Worten das Gebet schon wieder zunichte, weil wir im Unglauben sprechen. Das Volk Israel beklagte sich in der Wüste immer wieder. Es machte Gott Vorwürfe und bemitleidete sich selbst. Doch das hatte Auswirkungen, denn irgendwann reichte es Gott. Er sagte in 4. Mose 14,28: »Richte ihnen Folgendes aus: So wahr ich lebe, werde ich euch genau das antun, mit dem ihr mir in den Ohren gelegen habt, spricht der Herr.«

Gott wollte also genau das geschehen lassen, was das Volk Israel im Unglauben die ganze Zeit aussprach. Ich glaube, dass das auch andersherum gilt. Wenn wir im Glauben Dinge aussprechen, dann wird er sie tun. Lass uns deshalb Gott in den Ohren liegen, dass die größte Erweckung stattfindet, die die Welt je gesehen hat. Dass Millionen Menschen den Herrn Jesus erkennen, auch die Buddhisten, alle Juden, Moslems, Hindus, Hexer und Esoteriker. Dass auch die, die falschen Göttern dienen, Erkenntnis bekommen, zum Beispiel durch Träume und Visionen, sich zu Gott bekehren und Jesus Christus als ihren Herrn und Meister annehmen.

In Sprüche 10,11 heißt es: »Die Worte des Gottesfürchtigen führen zum Leben, der gottlose Mensch aber vertuscht seine bösen Absichten«, und in Sprüche 18,21: »Wer gern redet, muss die Folgen tragen, denn die Zunge kann töten oder Leben spenden.« All das verdeutlicht, welche Macht unsere Worte haben. Es ist nicht egal, was wir aussprechen – nein, es hat Auswirkungen.

Satan ist der Tod, Jesus ist das Leben. Lass uns deshalb *seine* Worte sprechen, *seine* Worte glauben. In Sprüche 20,15 steht: »Weise Rede ist wertvoller als Gold und Edelsteine«, und in Matthäus 21,21 heißt es sogar: »Ich versichere euch: Wenn ihr fest glaubt und nicht zweifelt, könnt ihr auch solche Dinge tun und noch viel mehr als das. Ihr könnt sogar zu diesem Berg sagen: ›Hebe dich empor und wirf dich ins Meer‹, und es wird geschehen.«

Ich glaube wirklich, dass es immens wichtig ist, dass wir Worte des Lebens aussprechen. Über uns selbst und unser Leben, über unsere Umstände, ja, selbst über unsere Feinde. Dann werden wir Wunder um Wunder erleben.

Vor einiger Zeit kam eine Frau zu einem meiner Seminare. Sie fiel mir auf, weil sie so ruhelos war, deshalb sprach ich sie an und fragte sie, was mit ihr los war. Sie erzählte mir daraufhin, dass sie auf ein Reden Gottes für ihre Situation warte. Ihre Tochter war nämlich ein recht unglückliches Verhältnis zu einem Mann eingegangen und der Sohn hatte große Schulprobleme. Er kam mit einem Ungenügend nach dem anderen nach Hause und sie machte sich um beide große Sorgen. Sie wollte deshalb unbedingt wissen, wie Gottes Pläne für ihre Kinder aussahen.

Kaum zwei, drei Stunden später begegnete ich ihr wieder. Sie kam mir ganz verändert entgegen, mit frohem Gesicht und strahlenden Augen. Ich fragte sie sofort: »Und, hat Gott gesprochen?«

Glücklich sprudelte es aus ihr heraus: »Ja. Gott hat mir gesagt, dass die Kinder der Gerechten, die Kinder der Gottesfürchtigen, gesegnet sind.«

Die Frau hatte nur diesen Vers aus der Heiligen Schrift gehört – dass die Kinder der Gottesfürchtigen gesegnet werden (Psalm 112,2). Sie glaubte dem Wort Gottes, hängte sich daran und sprach fortan diese Wahrheit über ihrer Familie aus.

Ich blieb mit der Frau in Kontakt, daher weiß ich auch, wie es bei ihr weiterging. Die Tochter in der unglücklichen Beziehung kam irgendwann an und verkündete, dass sie ihren Partner heiraten wolle. Zwar hatte die Frau ihre Vorbehalte, aber sie hielt daran fest: Die Kinder der Gerechten sind gesegnet. Nach der Hochzeit ging es erst einmal weiter bergab – die Tochter geriet sogar in die Drogenszene hinein. Aber die Mutter verkündigte weiterhin, unabhängig von den katastrophalen Umständen: Die Kinder der Gerechten sind gesegnet. Schließlich kam die Tochter weinend nach Hause und erklärte: »Mama, ich will mit Gott leben. Ich habe die Hölle erlebt.« Die Frau erwiderte nicht etwa: »Ich hab's dir doch gleich gesagt«, sondern: »Die Kinder der Gerechten sind gesegnet.« Sie half ihr, vermittelte Seelsorge, war einfach liebevoll für sie da und die Tochter brach in eine totale Liebesbeziehung mit Gott durch und erlebte Vergebung.

Wenig später fand auch der Ehemann zu Gott, weil er erkannte, dass das Leben sonst sinnlos war. Heute haben die beiden einen Dienst für Menschen, die aus der Drogenszene aussteigen wollen.

Der Sohn blieb noch eine Weile bei seinen schlechten Noten, aber irgendwann verbesserte er sich auf »befriedigend«. Die Mutter war geduldig und proklamierte glaubensvoll: Die Kinder der Gerechten werden gesegnet. Sein Abschlusszeugnis beim Abitur war dann sehr gut.

Diese Geschichte zeigt, dass unsere Worte Vollmacht haben. Nicht nur in unserem Leben, sondern auch im Leben derer, über denen wir sie aussprechen. Meine Tochter, Angel, die mit Deutsch als Muttersprache aufwächst, wollte nie lesen. Ich fand das immer schade, weil ich selbst so viel aus Büchern ziehe. Ich habe sie daher ermutigt und zu ihr gesagt: »Angel, der liebe Gott hat so viele Bücher für dich geschrieben und möchte dich damit segnen. Und der Heilige Geist lebt in dir und er kann alle Sprachen der Welt.« Daraufhin fing sie an zu lesen. Heute kann sie stundenlang in der Ecke sitzen und verschlingt ein Buch nach dem anderen. Ich komme gar nicht mit dem Einkaufen hinterher, weil sie so viel liest.

Auch Jakobus stellt fest, wie viel Macht in unserer Zunge steckt:

So kann auch die Zunge, so klein sie auch ist, enormen Schaden anrichten. Ein winziger Funke steckt einen großen Wald in Brand! Die Zunge ist wie eine Flamme und kann eine Welt voller Ungerechtigkeit sein. Sie ist der Teil des Körpers, der alles beschmutzen und das ganze Leben zerstören kann, wenn sie von der Hölle selbst in Brand gesteckt wird.

Jakobus 3,5-6

Unsere Sprache kann also viel Schaden anrichten, aber sie kann auch umgekehrt Leben freisetzen – im eigenen, dem anderer Menschen, aber auch in unserem Land und in Bezug auf das Schicksal der ganzen Welt. Wir müssen deshalb sehr aufpassen, wie wir unsere Zunge verwenden. Sie kann Heilung bringen genauso wie große Verletzung. Sie kann sogar töten – man denke einmal an Rufmord. Wir dürfen daher unsere Zunge dem Herrn weihen, damit er Leben, Freude und Friede mit ihr wirken kann.

Das, was du sprichst, wird bestimmen, was du erlebst.

Wofür setzt du deine Zunge ein? Führt das, was du sagst, zum Leben oder ins Verderben? Sprichst du mit Glauben oder Unglauben? Proklamierst du das Wort Gottes über deinen Umständen oder stimmst du ein in den Chor der Hoffnungslosen, die immer nur das Schlechte in einer Situation sehen? Das, was du sprichst, wird bestimmen, was du erlebst.

Gott rechnet mit uns. Er hat uns Autorität gegeben. Verstehen kann ich das nicht recht, denn das Risiko, das er dadurch einging, war enorm. Nun sollen wir darauf achten, ihn nicht zu enttäuschen, sondern in unsere Berufung eintreten und tatsächlich sein Sprachrohr auf dieser Welt sein, um das Reich Gottes freizusetzen.

Werde kühn und mutig, Worte des Lebens zu sprechen, und du wirst die Auswirkungen sehen.

Stell dich auf das Wort Gottes

In Johannes 10,10 steht: »Ein Dieb will rauben, morden und zerstören. Ich aber bin gekommen, um ihnen das Leben in ganzer Fülle zu schenken.«

Es gibt ganz klar zwei Bereiche auf dieser Welt. Den des Räubers, Zerstörers, Lügners und Durcheinanderbringers. Und den der Fülle, des Lebens, des Überflusses. Das muss uns bewusst sein. Und wir müssen uns immer wieder fragen, auf wessen Seite wir stehen – auf der des Feindes oder auf der des Herrn Jesus Christus. Als Christen ist die Antwort für uns klar: Wir gehören zur Seite dessen, der uns Leben bringt, und das im Überfluss. Mit ihm zusammen dürfen wir herrschen.

Die Grundlage für unsere Regentschaft ist der Sieg Jesu am Kreuz. Das ist ganz wichtig, denn wir handeln niemals aus unserer eigenen Autorität heraus, sondern in der Autorität dessen, der die Herrscher dieser Welt entwaffnet hat, wie es in Kolosser 2,12-15 steht:

> Denn als ihr getauft wurdet, wurdet ihr mit Christus begraben. Und ihr wurdet mit ihm zu neuem Leben auf-

> erweckt, weil ihr auf die mächtige Kraft Gottes vertraut habt, der Christus von den Toten auferweckt hat. Denn vorher wart ihr tot aufgrund eurer Schuld und weil euer altes Ich euch bestimmt hat. Doch Gott hat euch mit Christus lebendig gemacht. Er hat uns alle unsere Schuld vergeben. Er hat die Liste der Anklagen gegen uns gelöscht; er hat die Anklageschrift genommen und vernichtet, indem er sie ans Kreuz genagelt hat. Auf diese Weise hat Gott die Herrscher und Mächte dieser Welt entwaffnet. Er hat sie öffentlich bloßgestellt, indem er durch Christus am Kreuz über sie triumphiert hat.

Wir müssen unser Vertrauen hundertprozentig auf den setzen, der uns alles teuer erkauft hat: Jesus Christus. Wir müssen uns auf sein Wort stellen, ganz gleich, wie groß die Krise ist. Jesus ist der König aller Könige, der Herr aller Herrn.

Wenn wir mit Jesus regieren wollen, dann ist das Wort Gottes ein ganz wichtiger Schlüssel dafür. Es ist zentral, dass wir die Bibel gut kennen. Dass wir regelmäßig in ihr lesen, sie studieren, auch einmal Verse auswendig lernen. Denn nur so können wir sie auch anwenden, wenn es darauf ankommt. In Hebräer 4,12 steht: »Das Wort Gottes ist lebendig und wirksam. Es ist schärfer als das schärfste Schwert und durchdringt unsere innersten Gedanken und

Wünsche. Es deckt auf, wer wir wirklich sind, und macht unser Herz vor Gott offenbar.«

Es ist also wirklich eine mächtige Waffe, die den Feind in die Flucht schlagen kann. Das können wir an Jesu Beispiel gut sehen, als er in der Wüste vom Teufel versucht wurde. Interessanterweise steht in der Bibel, dass er vom Heiligen Geist dorthin geführt wurde (Lukas 4,1). Ich selbst bin schon einige Male in der »Wüste« gelandet. Wenn ich gemerkt habe, wo ich mich befand, habe ich Gott immer gefragt: »Herr, habe ich ein Warnsignal übersehen? Bin ich irgendwo falsch abgebogen?« Doch er antwortete: »Nein, du hast nichts übersehen. Ich habe dich hierhergelockt, damit ich freundlich mit dir sprechen kann. Damit du dich ganz auf mich konzentrierst.«

Jesus wurde vierzig Tage lang vom Teufel in Versuchung geführt. Und auch wir werden immer wieder in Versuchung gebracht. Der Feind konfrontiert uns mit Botschaften, die verwirren, die Angst machen, die uns entsetzen. Wie hielt Jesus dagegen? Zum einen fastete er: »Während dieser ganzen Zeit aß er nichts, sodass er schließlich sehr hungrig war« (Vers 2). Zum anderen hielt er dem Teufel stand, als der ihn angriff. Dieser versuchte ihn zu locken mit »Wenn du ...«. Er versuchte ihn zu verunsichern und infrage zu stellen – das ist wirklich eine beliebte Masche von ihm. Zuerst stellte er sein Gott-Sein infrage:

»Wenn du der Sohn Gottes bist, verwandle doch diesen Stein in Brot.«
Aber Jesus erwiderte: »Nein! In der Schrift steht: ›Der Mensch braucht mehr als nur Brot zum Leben.‹«
Da führte der Teufel ihn auf die Höhe und zeigte ihm alle Königreiche der Welt in einem Augenblick. Und er sagte zu ihm: »Ich will dir Macht über diese Länder und all ihre Reichtümer geben, denn ich verfüge über sie und kann sie geben, wem ich will. Das alles werde ich dir schenken, wenn du niederkniest und mich anbetest.«

Lukas 4,3-7

Der Teufel dachte sich hier nichts aus, sondern er sprach die Wahrheit. Denn Adam übergab dem Teufel diese Rechte – die Macht über die Länder und Reichtümer dieser Erde. Er ist der »Fürst der Welt« (Johannes 12,31). Doch Jesus hielt auch hier mit dem Wort Gottes dagegen:

Jesus erwiderte: »In der Schrift steht: ›Du sollst den Herrn, deinen Gott, anbeten und nur ihm allein dienen.‹«
Da versetzte der Teufel ihn nach Jerusalem auf den höchsten Punkt des Tempels und sagte: »Wenn du der Sohn Gottes bist, spring hier hinunter! Denn in der Schrift steht: ›Er befiehlt seinen Engeln, dich zu beschützen und

zu bewahren. Sie werden dich auf ihren Händen tragen, damit deine Füße niemals stolpern.‹«
Jesus erwiderte: »In der Schrift steht auch: ›Fordere den Herrn, deinen Gott, nicht heraus.‹«
Als der Teufel aufgehört hatte, Jesus zu versuchen, verließ er ihn für einige Zeit.

Lukas 4,8-13

Wir müssen wissen: Der Teufel kennt die Schrift. Aber Jesus konnte jedem seiner Angebote ein Wort Gottes entgegenhalten, sodass er weichen musste. Der Feind wird immer das Wort Gottes zitieren und dabei etwas verdrehen, daher müssen wir sehr aufpassen. Auch in unserem Alltag ergeben sich Situationen, in denen wir uns abgelehnt fühlen, nicht geliebt, verleumdet. Und in denen wir uns bedroht oder beraubt sehen. Doch wir können mit der Heiligen Schrift dagegenhalten.

Einer meiner Lieblingsverse in der Bibel lautet:

Doch keine Waffe, die gegen dich geschmiedet wird, wird erfolgreich sein. Und wer dich vor Gericht verklagt, den wirst du widerlegen. Alle diese Dinge werden den Dienern des Herrn zugutekommen; von mir wird ihre Rechtfertigung ausgehen. Ich, der Herr, gebe darauf mein Wort!

Jesaja 54,17

Wenn du ein Kind Gottes bist, dann darfst du dir gewiss sein, dass der Vater für dich kämpft und dir Recht verschafft. Ich bete für alle meine Feinde, dass Gott barmherzig mit ihnen umgeht, denn wer mich angreift, der greift den Augapfel Gottes an. Gott hat denen schon Schlimmes angetan, die mir schaden wollten. Seither bete ich, dass Gott barmherzig mit ihnen ist.

Wenn du ein Kind Gottes bist, dann darfst du dir gewiss sein, dass der Vater für dich kämpft und dir Recht verschafft.

Und dann gibt es auch Situationen, wo wir uns beängstigt fühlen, die bedrohlich auf uns wirken. Doch gerade in Bezug auf Angst finden wir ganz viele Worte in der Bibel, zum Beispiel in Psalm 27,1: »Der Herr ist mein Licht und mein Heil – vor wem sollte ich mich fürchten? Der Herr beschützt mich vor Gefahr – vor wem sollte ich erschrecken?«

In jeder Situation können wir uns also auf das Wort Gottes stellen.

Deshalb ist es so wichtig, dass wir die Verheißungen, die Gott uns gegeben hat und zu denen wir nur Amen sagen müssen, auch kennen. Wenn wir Weisheit und Führung brauchen, lesen wir in Johannes 16,13: »Doch wenn der Geist der Wahrheit kommt, wird er euch in alle Wahrheit leiten. Er wird nicht seine eigenen Anschauungen vertreten, sondern wird euch sagen, was er gehört hat. Er wird euch von dem erzählen, was kommt.«

Wir sollten den Herrn daher immer wieder fragen: »Gott, was sind deine Absichten, wie siehst du das?« Ich rede dauernd mit ihm. Außerdem führe ich ein Tagebuch, in dem ich unsere Gespräche aufschreibe. Ich stelle ihm Fragen und er gibt mir Antworten. Manchmal sagt er auch: »Das ist jetzt noch nicht dran, aber ich werde es dir sagen, wenn die Zeit dafür gekommen ist.«

In Psalm 138,8 lesen wir: »Der Herr wird alles zu einem guten Ende bringen.« Darauf dürfen wir voll und ganz vertrauen.

Die Bibel ist voll von den Zusagen und Versprechen Gottes. Voll von seiner Wahrheit. In jeder Situation können wir sie nehmen und uns vertrauensvoll darauf stellen. Auch wenn wir in Not sind und Mangel haben, ist er für uns da, wie wir in 2. Korinther 9,8 lesen: »Er wird euch großzügig mit allem versorgen, was ihr braucht. Ihr werdet haben, was ihr braucht, und ihr werdet sogar noch etwas übrig behalten, das ihr mit anderen teilen könnt.« Ich erlebe das permanent. Oder Philipper 4,19: »Und mein Gott wird euch aus seinem großen Reichtum, den wir in Christus Jesus haben, alles geben, was ihr braucht.«

Auch der sehr bekannte Psalm 23 spricht von Gottes wunderbarer Versorgung. Einer unserer Lehrer an der

Grundschule gab den Kindern die Aufgabe, diesen Psalm auswendig zu lernen. Ein paar Tage später fragte er sie ab und bat sie, ihn aufzusagen. Ein paar machten es ganz hervorragend und er lobte sie sehr. Dann kam Johnny an die Reihe. Der kleine Junge zögerte.

»Johnny, kannst du mir auch den Psalm 23 aufsagen?«, bat der Lehrer.

Da stand er auf und sagte auf Englisch den ersten Vers: »The Lord is my shepherd; I shall not want.« Also: »Der Herr ist mein Hirte, ich habe alles, was ich brauche.« Danach setzte er sich wieder hin.

Der Lehrer war verdutzt und fragte nach, was mit dem Rest sei.

Johnny meinte: »Das reicht. Mehr brauche ich nicht.« Er hatte daher nur den ersten Vers auswendig gelernt.

Ich musste über diese Geschichte sehr lachen, denn in gewisser Weise hat der Junge ja recht. Gott wird uns niemals Mangel erleben lassen. Er ist unser Hirte und führt und beschützt uns – schon diese Zusage reicht für unser ganzes Leben. Mehr braucht es nicht.

Doch weil Gott ein Gott des Überflusses ist, hat er uns eben nicht nur *ein* Versprechen gegeben, sondern es finden sich viele weitere auf den Seiten der Bibel. Wenn wir Trost und Stärke brauchen, dann lesen wir in Nehemia 8,10: »Seid nicht traurig, denn die Freude am Herrn ist eure Zuflucht!«

Ja, wir sollen uns am Herrn freuen. Freude, das ist mir immer wieder wichtig zu betonen, ist nicht abhängig von den Umständen. Sie hängt damit zusammen, wie unsere Beziehung zu Gott aussieht. Im Englischen gibt es für »Freude« zwei Wörter: »joy« und »happiness«. »Happiness« hängt davon ab, was geschieht (»what is happening«), aber »joy« besteht aus den Anfangsbuchstaben von »*J*esus, *o*thers, *y*ourself«. Freude kommt also aus diesen drei Dingen, aus Jesus, anderen und uns selbst, allerdings ist die Reihenfolge ganz wichtig. Jesus steht an erster Stelle. Wenn wir in unserem Leben diese wichtigste Beziehung pflegen, dann wird Freude durchbrechen, auch wenn wir traurig sind. In Zeiten der Trauer können wir außerdem Trost in Jesaja 66,13 finden: »Gott spricht: ›Ich selbst werde euch trösten, wie eine Mutter ihr Kind tröstet.‹«

Ich könnte noch viel, viel mehr Bibelstellen aufzählen. Aber mach dich selbst auf. Lies in der Bibel und unterstreiche dir Gottes Versprechungen. Und dann stell dich darauf, wenn du herausgefordert bist. Du kannst wirklich in alle Situationen hinein das Wort Gottes sprechen und dich auf Gott verlassen, dass er das tut, was er verheißen hat.

Und du kannst über dich selbst Positives sprechen. Es heißt in der Bibel, dass David sich selbst mit dem Wort Gottes auferbaute (1. Samuel 30,6). Schreibe dir Schriftstellen zusammen, die dich ansprechen, und zitiere sie jeden Tag.

Und lass dein Herz nicht davon abbringen zu glauben, dass Gott immer die Wahrheit spricht. Er kann nicht lügen. Der Herr liebt dich. Er hat ein gutes Werk in dir begonnen und er wird es auch vollenden (Philipper 1,6) – du musst nur vertrauen.

Wie ein Kind werden

Wenn ich mein Lebensthema in zwei Worten zusammenfassen müsste, dann wäre das »Vertraue mir!« oder »Glaube mir!«. Immer wieder verändert Gott meine Klassenzimmer oder die Lehrer, aber die Botschaft von ihm an mich lautet stets gleich: »Vertraue mir!«

Vor Jahren war ich bei einer Wirtschaftskonferenz. Da kam eine Frau, die mit etwas über vierzig Jahren vor Kurzem ihr erstes Kind bekommen hatte. Sie hatte es in einem Tragetuch an ihre Brust gewickelt dabei, setzte sich zu mir an den Tisch und wir kamen miteinander ins Gespräch. Dabei meinte sie irgendwann: »Das Kind ist zu einhundert Prozent abhängig von mir. Ich stille es, wechsle seine Windeln, bade es, sorge dafür, dass es genug Licht, Luft und Schlaf bekommt, dass es genug zu essen hat und sauber ist und dass es ausreichend warm angezogen ist. Dieses Kind ist voll und ganz von mir abhängig.«

Während sie das sagte, machte Gott mir klar: »So möchte ich, dass auch unsere Beziehung zueinander aussieht. Dass du immer bei mir bist. Vollkommen abhängig von mir!« Ich soll werden wie ein kleines Kind. In der Schrift heißt es ja:

> Etwa zu dieser Zeit kamen die Jünger zu Jesus und fragten ihn: »Wer ist der Größte im Himmelreich?« Da rief Jesus ein kleines Kind zu sich und stellte es vor sie hin. Dann sagte er: »Ich versichere euch: Wenn ihr nicht umkehrt und werdet wie die Kinder, werdet ihr nie ins Himmelreich kommen. Deshalb: Wer so gering wird wie dieses Kind, der ist der Größte im Himmelreich.«
>
> *Matthäus 18,1-4*

Das heißt nicht, dass wir kindisch werden sollen. Nein, »wie die Kinder« – kindlich eben. Ich wünsche mir, dass Gott im Himmel eines Tages, wenn ich zu ihm kommen werde, zu mir sagt: »Gut gemacht, mein Kind!«

Das Geheimnis dieses Wortes liegt darin, dass wir wie von den Eltern von Gott abhängig werden sollen. In einem vertrauensvollen Verhältnis zu ihm leben sollen.

In der Bibel finden wir eine weitere Stelle, wo uns Jesus die Kinder als Vorbild vorstellt:

> Eines Tages brachten einige Eltern ihre Kinder zu Jesus, damit er sie berühren und segnen sollte. Doch die Jünger wiesen sie ab. Als Jesus das sah, war er sehr verärgert

über seine Jünger und sagte zu ihnen: »Lasst die Kinder zu mir kommen. Hindert sie nicht daran! Denn das Reich Gottes gehört Menschen wie ihnen. Ich versichere euch: Wer nicht solchen Glauben hat wie sie, kommt nicht ins Reich Gottes.« Dann nahm er die Kinder in die Arme, legte ihnen die Hände auf den Kopf und segnete sie.

Markus 10,13-16

Jesus ärgerte sich nicht über die Kinder, sondern über die Jünger, die die Kinder nicht zu ihm kommen lassen wollten. Sie selbst fanden wahrscheinlich, dass sie gute Motive hatten, weil sie Jesus nicht mit ungeistlichen Dingen belasten wollten. Ihnen war bewusst, dass er anstrengende Tage hinter sich und auch vor sich hatte. Sie befürchteten, dass der straffe Zeitplan es nicht zuließ, dass sich der Sohn Gottes mit Kindern befasste oder gar mit ihnen spielte und herumalberte. Oder sie vermuteten, dass die Kleinen Jesus einfach nur nerven könnten.

An dem Verhalten der Jünger sehen wir, dass Kinder in der damaligen jüdischen Gesellschaft – ähnlich wie die Frauen – wenig Ansehen hatten, auch wenn sie als Geschenke Gottes galten. Dennoch hatten manche Eltern ihre Kinder mitgebracht, damit Jesus sie segnete. Und er überraschte alle – wie so oft. Er befahl seinen Jüngern, dass sie die Kleinen nicht daran hindern durften, zu ihm zu kommen. Er warnte sie förmlich: »Hindert sie nicht daran! Wer nicht solchen Glauben hat wie sie, kommt nicht in das Reich Gottes.«

Es gibt keine andere Option. Jesus lässt keine andere Möglichkeit offen, ins Reich Gottes zu kommen. Um diese klare Ansage zu verstehen, wollen wir jetzt einen kurzen Blick auf die Lebenswelt von Kindern und Erwachsenen werfen.

Ich glaube, das Beispiel von der Frau, die erkannt hatte, dass ihr Kind ganz von ihr abhängig war, dient dem Ganzen als Fundament. Gott möchte, dass wir unsere ganze Identität, unsere ganze Sicherheit, unsere ganze Liebe, unsere ganze Geborgenheit, unseren ganzen Schutz, alles, was wir brauchen, und alles, was wir sind, von ihm erwarten. Wir glauben, dass die größte Schwäche eines Kindes seine Abhängigkeit ist. Ich bin jedoch zutiefst davon überzeugt, dass es die größte Reife eines Menschen ist, von Gott vollkommen abhängig zu werden. Dann haben wir erkannt, was in Johannes 15,5 steht, nämlich dass wir ohne ihn nichts tun können. Und nichts ist verflixt wenig. Doch bis wir mit Gott an diesen Punkt kommen, erleben wir oft ganz enorme Kämpfe in unserem Leben, bedeutet es doch, dass wir uns auf »null« reduzieren lassen müssen. Doch dann erleben wir irgendwann den Durchbruch, dass wir Gott in allem vertrauen.

Ein Kind, das erlebt hat, dass die Eltern für es sorgen, dass es zu essen bekommt, beschützt wird, dass es gewarnt wird und die nötige Korrektur erhält, ist in der Regel sehr sicher und fühlt sich geborgen – und das, obwohl es hilflos, verletzlich, abhängig, ausgeliefert, unwissend ist. Doch gleichzeitig ist es auch begeistert – staunt mit offenem Mund, hat blindes Vertrauen, ist einfältig, naiv, aufrichtig, sorglos, lebensfroh.

Ich erinnere mich an ein Erlebnis mit meiner kleinen Tochter Angel, als sie gerade ein Jahr alt war. Ich hatte zu Weihnachten auch die Freunde meines Sohnes eingeladen, mit uns zu feiern. Da hörte ich ein ganz wildes Kichern aus dem Wohnzimmer. Als ich dazukam, standen da etwa zehn wilde Burschen beisammen, die meine Tochter wie einen Handball im Raum herumwarfen – von einem zum anderen. Und was machte sie? Sie kicherte nur. Sie freute sich so, durch die Luft zu fliegen, und war voller Vertrauen, dass sie aufgefangen würde. Und das wurde sie auch. Sie hatte keine Angst, sondern überließ sich vollkommen dem Moment – und den Freunden meines Sohnes.

Uns Erwachsenen fällt ein solches Verhalten schwer. Wir wollen reif sein, mündig, selbstständig. Wir wollen uns von Vernunft und Verstand leiten lassen, doch sie machen uns von Gott unabhängig, wenn wir nur auf sie setzen. Es erscheint uns ratsam, wachsam zu sein, misstrauisch, vorsichtig – gegenüber anderen Menschen und gegenüber Gott. Wir sind sorgenvoll und zerbrechen uns über alles den Kopf. Wir sind oft bitter, ungläubig, haben kein Vertrauen und somit auch keinen Glauben.

Vielleicht haben wir noch die gut gemeinten Worte unserer Eltern oder anderer Bezugspersonen im Kopf: »Sei nicht kindisch!«, oder: »Werde doch endlich erwachsen!« Solche Botschaften haben uns nicht selten von klein auf geprägt und der Teufel nutzt gerade auch menschliche Bedürfnisse wie das Streben nach Ehre, Ansehen und Macht, damit wir auf uns schauen und nicht auf das, was Gott schon längst für uns vorbereitet hat.

Wenn wir zum Beispiel bei der Arbeit anerkannt sein und einen guten Ruf haben wollen, ist das erst einmal nichts Schlechtes, sondern durchaus positiv. Doch wenn wir deshalb Scheu haben, unseren Kollegen von Jesus zu erzählen, weil uns der Verstand sagt, dass wir sonst unsere gute Stellung und unser Ansehen verlieren könnten, ist es vermutlich nicht im Sinne Gottes. Einem Kind wiederum wäre das Ansehen des Vaters am wichtigsten. Die Vernunft hätte ihm noch nicht eintrichtern können, dass sein Ruf bei wichtigen Geschäftsleuten zukünftig hilfreich sein könnte. Auch wenn die Vernunft an sich nichts Schlechtes ist, kann sie uns in Gefangenschaft bringen, wenn wir sie an die erste Stelle setzen und sie als alleinige Richtschnur nehmen. Es ist ein Trugschluss zu glauben, wir würden reif und unabhängig, wenn wir »vernünftig« sind. Nein, allein unser Vertrauen auf Gott und unsere Abhängigkeit von ihm führten zu wahrer Unabhängigkeit und Reife. Das mag paradox scheinen, ist aber so. Es ist eines der Geheimnisse des Reiches Gottes.

Allein unser Vertrauen auf Gott und unsere Abhängigkeit von ihm führten zu wahrer Unabhängigkeit und Reife.

Wie geht es dir mit dem Thema? Wie unabhängig oder abhängig bist du? Und von wem oder was? Was bestimmt darüber, ob es dir gut geht? Wer hat Einfluss darauf, wie du dich verhältst? Bist du frei oder gebunden – und von was hängt das ab? Es ist wichtig, sich dieser Dynamiken einmal bewusst zu werden und sie dann vor Jesus zu bringen. Vor ihm dürfen wir ganz echt werden, müssen keine Masken mehr aufsetzen.

Meine Tochter Angel war und ist bis heute sehr echt und kindlich. Ich erzählte ihr von Anfang an von Jesus und las ihr früh Bilderbücher vor, in denen es um Jesus ging. Dabei achtete ich darauf, dass auf den Illustrationen der Herr Jesus schwarz, nicht weiß war, denn viele Afrikaner wollen allein aus dem Grund weiß sein, weil sie sagen, Jesus sei weiß gewesen. Aber das ist eine große Lüge. Jesus war kein Deutscher mit blonden Locken und blauen Augen. Jesus war ein Asiate, er hatte vermutlich eine schöne bronzene Hautfarbe, schwarze Locken und dunkelbraune Augen. Deshalb suchte ich immer Bücher, die nicht dieses kolonialistische Erbe weiterverbreiten. Damit sie versteht, dass Jesus ein Kind wie sie war und sie unendlich liebt.

Schon mit zweieinhalb Jahren wollte sie Jesus in ihr Herz lassen. Ich predigte einmal in einer unserer Schulen, die aber zu ungefähr 90 Prozent von muslimischen Kindern besucht wurde, weil wir sie auf die Einladung von Moslems in einem muslimischen Gebiet bauten. Meine Tochter saß mit einer Babysitterin ganz hinten, während ich predigte und diesen Kindern erzählte, dass ich mein Leben schon mit sieben Jahren Gott anvertraut habe. Dass ich ihn eingeladen habe, in mir zu leben, und dass es nie zu früh ist, das zu tun. Dass Jesus die Kinder liebt.

Als ich die Schüler dazu einlud, nach vorne zu kommen, wenn sie ihr Leben Gott überlassen wollten, riss sich meine Tochter gewaltsam von der Babysitterin los und rannte nach vorne. Sie stand mit ihren zweieinhalb Jahren mitten zwischen den anderen Kindern. Ich hatte Sorge, dass sie zu jung für diesen Schritt war, und fragte daher: »Herr, was soll ich tun?«

Und er sagte: »Lass sie!«

Mit bestimmt hundert anderen, überwiegend muslimischen Kindern übergab sie an diesem Tag ihr Leben Jesus.

Weil mir wichtig war, dass sie auch verstand, was sie da getan hatte, fragte ich sie abends: »Angel, was hast du denn da heute gemacht?«

Sie antwortete: »Mama, ich habe gemacht, was du gesagt hast.«

Ich fragte weiter: »Was habe ich denn gesagt?«

Sie entgegnete: »Du hast gesagt, wir sollen Jesus einladen, dass er in uns wohnt. Und genau das habe ich gemacht.«

Ich: »Und wo ist Jesus jetzt?«

Sie tastete ihren ganzen Körper ab, vom Kopf bis zu den Füßen, und sagte dabei: »Überall, Mama, überall!« Seither hat dieses Kind einen unerschütterlichen Glauben und ein tiefes Vertrauen auf Gott.

Etwa drei Jahre später flogen wir wieder einmal nach Europa. Angel war das Fliegen schon gewohnt, doch dieses Mal kamen wir in einen schweren Sturm. Der Pilot verkündete über die Lautsprecher, dass wir uns alle anschnallen sollten; auch das Personal sollte sich hinsetzen. Da stand meine Tochter auf und schrie laut in die ganze Kabine: »In Jesus' name, storm be still!« (Dt.: »In Jesu Namen, Sturm, sei still!«)

Danach setzte sie sich wieder neben mich hin, als wäre nichts gewesen. Ich wäre am liebsten im Boden versunken. Alle sahen mich an. Und gleichzeitig überraschte mich meine Tochter und wurde mir zum Vorbild. Ich hatte sie nicht dazu aufgefordert, so etwas zu tun, aber hatte ihr oft die Geschichte erzählt, wie die Jünger ganz nervös waren, Jesus mitten im Sturm aufweckten und er ihn stillte. Und sie nahm das in ihrem kindlichen Glauben auf und setzte es um. Einfach so. Tatsächlich spürten wir dann überhaupt nichts von dem Sturm und die Anschnalllichter erloschen bald wieder.

Als wir ausstiegen, stand auch der Pilot vorne. Angel sagte zu ihm: »Gell, heute hast du nicht recht gehabt.«

Der Pilot fragte: »Wieso nicht?«

Sie: »Na, der Sturm ist nicht gekommen.«

Er: »Das stimmt. Warum der Sturm wohl nicht kam?«

Meine Tochter: »Ich habe den Sturm in Jesu Namen gestoppt.«

Er: »Ach, du warst das? Danke schön!«

Da war ich sehr stolz auf meine Tochter. Kinder glauben, ohne sich groß Gedanken darüber zu machen. Studien haben gezeigt, dass einem Kind bis zum siebten Lebensjahr alles Gesagte direkt ins Unterbewusstsein und ins Unbewusste dringt. Darum sollen wir Kindern unbedingt früh das Evangelium verkünden, und zwar auf eine Art und Weise, die sie verstehen. Füllen wir die junge Generation mit den Schätzen des Himmels, nicht mit irgendwelchem Schrott aus den Medien. Bringen wir ihnen bei, wie Jesus die Kinder liebt. Ich habe schon oft mitbekommen, dass es die Kleinen ganz besonders freut, dass Jesus die Jünger rügte, weil sie verhindern wollten, dass die Kinder zu ihm kamen, da sie ihn hätten stören können.

Es ist wirklich wichtig, dass wir Kindern nicht Religion bringen, sondern lebendigen Glauben. Worte sind dabei das eine. Viel wichtiger aber: Wir müssen es ihnen vorleben. Es gab einen Heiligen in Italien, der nahm zur Zeit der Industrialisierung Jungen auf, die auf der Straße lebten. Sie entwickelten sich alle sehr gut, keiner von ihnen kam später auf die schiefe Bahn. Sie brachen alle in ein Leben der Liebe, Treue, Wahrheit durch. Als er gefragt wurde: »Wie hast du diesen Durchbruch erreicht? Was ist deine Methode?«, antwortete er: »Ich habe nur drei Methoden. Erstens: gutes Beispiel. Zweitens: gutes Beispiel. Und drittens: gutes Beispiel.«

Unsere Kinder lesen unseren Geist mehr als unsere Worte. Darum ist es umso wichtiger, dass sie an uns sehen, dass wir das Evangelium nicht nur glauben, sondern auch leben. Wenn bei uns im Kindergarten in Uganda beispielsweise ein Kind krank ist, legen die anderen Kinder ihm die Hand auf und beten um Heilung in Jesu Namen. Auf diese Weise lernen sie schon ganz früh, wie man vertrauensvoll alles von Gott erbittet. Meine kleine Angel machte das sogar bei kranken Tieren. Und oft schenkte der Herr Heilung.

Es geht also nicht darum, dass wir kindisch werden, dass wir zu denken aufhören oder den Verstand abgeben, sondern darum, in allem zu vertrauen. Wir sollen nicht alles infrage stellen. Vielmehr ist es wichtig, dass wir mit unserem Herzen hören. Gottes Stimme möchte zu unserem Herzen sprechen, und was er spricht, das ist ausschlaggebend. Der Verstand und das Gemüt, also auch unsere Emotionen, unsere Sorge, unsere Antriebslosigkeit etc., haben sich im Herzen der Stimme Gottes unterzuordnen.

Voll und ganz vertrauen

Ich möchte dir eine Frage stellen, die Gott mir einmal stellte. Er fragte: »Bist du bereit, dich für mich auch zum Narren zu machen? Dinge zu tun, die ich dir auftrage, die keiner versteht?« Ich erwiderte: »Herr, das ist schon eine sehr ungewöhnliche Bitte, die du heute hast. Aber ich gebe dir auch die Bereitschaft, mich für dich zum Narren zu machen.« Wie sieht das bei dir aus? Wagst du es? Darf der Herr mit dir machen, was er will? Wenn nicht, was hält dich noch zurück? Komme mit dem Herrn ehrlich ins Gespräch darüber und lass dir von ihm zeigen, was dich daran hindert, ihm alles zu geben.

In Sprüche 3,5-6 heißt es: »Vertraue von ganzem Herzen auf den Herrn und verlass dich nicht auf deinen Verstand. Denke an ihn, was immer du tust, dann wird er dir den richtigen Weg zeigen.« Ja, Gott weiß den richtigen Weg für uns. Und der ist viel besser als der beste eigene Weg, den wir uns ausmalen könnten. Warum vertraust du ihm nicht?

Ich glaube, es hilft sehr, wenn wir eine gewisse Naivität haben. Ich bin sehr naiv, ich glaube Gott und folge ihm aufs Wort. Ich erwarte alles von ihm. Er kann mit mir machen, was er will. Ich erinnere mich, wie wir ein großes Grundstück – 65 Hektar – von einem reichen Afrikaner geschenkt bekamen. Der Vorstand in Uganda verlangte, dass ich einen Masterplan erstelle, was wir mit dem Gelände genau anfangen, wo wir was bauen usw. Da sagte ich: »Tut mir leid, aber für so etwas bin ich zu dumm. Das kann ich nicht. Aber der Meister (englisch: ›master‹) hat den Plan. Bitte, vertraut mir, dass ich von ihm höre, was wir mit diesem Grundstück machen sollen, wo wir was hinbauen sollen. Ihr werdet erkennen, dass wir am Ende alles hören, was wir wissen müssen, und nichts aus eigener Kraft oder Überlegung tun müssen. Das ist der Masterplan. Der Plan des Meisters, der uns das Land gegeben hat.«

Dann stellte mich Gott sehr auf die Probe. Ich lief über das Gelände und fragte Gott jeweils, wo was gebaut werden sollte. Und er zeigte mir, wo die Berufsschule, wo die Kinderhäuser, wo die Volksschule oder zum Beispiel das Mitarbeiterhaus von unsrem Hauptgärtner entstehen sollten. All diese Gebäude waren über das ganze riesige Grundstück verteilt, durch das auch zwei Straßen führen, und es lagen jeweils mehrere Hundert Meter Abstand dazwischen. Damals ergab das nicht viel Sinn – warum so weit auseinander bauen? Ich war ziemlich verwirrt und war doch einigermaßen nervös. Daher sagte ich zu Gott: »Dein Ruf steht auf dem Spiel, meiner ist schon ruiniert, seit ich dir beigetreten bin. Bitte, bitte, erinnere dich daran und lass mich jetzt nicht hängen. Ich mache, was du willst, aber der Rest ist dein Problem.« Und heute fragt jeder, der auf unser Gelände kommt, staunend: »Wer hat das alles hier so wunderbar geplant?« Denn mittlerweile sind weitere Gebäude in den Zwischenräumen entstanden, die jeweils genau zum Rest passen. Es wirkt wie ein großes Ganzes, aus einem Guss. Die einzige Antwort, die daher auf die Frage passt, wer das so gut geplant hat, ist: der Meister. Wenn wir werden wie die Kinder, werden wir ihm kindlich in allem vertrauen und erkennen, dass alle Ehre ihm gebührt.

Kinder sind ja schon manchmal etwas drollig oder sehr von sich eingenommen. Ein Vater war dabei, Blumen auf der einen Seite der Garageneinfahrt zu setzen, und sein kleiner Sohn wollte ihm gerne helfen. Der Vater war einverstanden und sie gruben gemeinsam die Blumen ein. Aber wie das eben so ist: Beim Jungen flog die Erde überallhin und der Vater hatte alle Hände voll zu tun, die Pflanzen am Ende so in die Erde zu bringen, dass sie anwachsen würden und es ordentlich aussah.

Schließlich waren sie fertig und gingen ins Haus. Der Vater war ganz schön k. o. von der Aktion. Der Junge lief jedoch begeistert seiner Mutter entgegen und rief: »Mama, der Papa und ich haben die Blumen gesetzt. Das meiste davon habe ich gemacht. Aber er hat mir ein bisschen geholfen.«

Ich denke, an dieser Stelle sollen wir uns die Kinder nicht zum Vorbild nehmen. Oft verhalten wir uns nämlich ganz ähnlich, wenn es um Gottes Anteil an einer Sache geht. Wir beanspruchen die Ehre für uns und sagen am Ende: »Ein kleines bisschen hat der liebe Gott auch dazu beigetragen.« Aber er hat alles gemacht.

Wenn wir uns ganz auf Gott verlassen und nicht mehr unsere eigene Ehre suchen, können wir für alles Experten werden – weil er der Experte für alles ist!

Ich stehe staunend vor den Führungen, die Gott in meinem Leben zulässt. Immer wieder muss ich erkennen, dass für ihn nichts zu schwierig ist. Zum Beispiel gibt er mir für jedes Gebäude, das wir bauen, eine Vision. Kurz vor dem Aufwachen sehe ich oft im Detail, wie sie aussehen sollen. Darum habe ich immer einen Zettel auf meinem Nachtkästchen liegen. Sofort zeichne ich sehr stümperhaft die Pläne auf, die ich gesehen habe. Gott sei Dank habe ich einen lieben Architekten, der mittlerweile schon beinahe meine Gedanken lesen kann und die Pläne Gottes wunderbar umsetzt und in echte Bauzeichnungen überführt. Mittlerweile glauben die meisten Mitarbeiter, dass ich Architektur studiert habe.

Aber das ist nicht der Fall. Immer wieder muss ich klarstellen: »Nein, ich habe nicht Architektur studiert. Aber der beste Architekt der Welt lebt in mir. Er zeigt mir alles, was ich wissen muss.« So einfach ist das. Aber doch oft auch schwer. Wenn wir uns ganz auf Gott verlassen und nicht mehr unsere eigene Ehre suchen, können wir für alles Experten werden – weil er der Experte für alles ist!

Vertraust du auf den Herrn? Oder stützt du dich noch stark auf dein eigenes Wissen, dein Können, deine Fähigkeiten? Ich sage dir: Das ist so viel schwieriger! Wenn wir uns ganz auf Gott verlassen, können wir auch alle unsere Sorgen auf ihn werfen, sie loslassen. Denn er sorgt sich um uns. Ein Kind hat keine Sorgen. Ich habe noch nie ein kleines Kind gesehen, das nach dem Frühstück gefragt hätte, ob es wohl ein Mittag- und ein Abendessen bekäme. Kinder vertrauen.

So wie unsere Gesellschaft uns lehrt und prägt, erwachsen zu werden, so können wir auch lernen, wieder kindlich im geistlichen Sinn zu werden. Ich habe hierzu ein paar Vorschläge für dich:

1. Bitte Gott aufrichtig um ein kindliches Herz.
   »Denn der Geist Gottes selbst bestätigt uns tief im Herzen, dass wir Gottes Kinder sind« (Römer 8,16). Du kannst ihm einfach sagen, was du dir wünschst.

Wenn du noch Zweifel hast, ob du wirklich sein Kind bist, dann bitte ihn um eine neue Offenbarung des Heiligen Geistes in deinem Herzen.

2. Bleib mit Gott in Verbindung.
»Und nun, liebe Kinder, bleibt mit Christus verbunden, damit ihr voller Zuversicht seid, wenn er wiederkommt, und euch nicht vor ihm schämen müsst!« (1. Johannes 2,28). Sprich mit ihm. Lebe in seiner Nähe. Kommuniziere mit Gott durch Gebet, Bibellesen, Stille Zeit und Lobpreis.
Ich habe schon zweimal von Gott gehört, ich solle mit ihm »Flitterwochen« machen. Einmal fuhr ich nach Israel und einmal nach Mombasa, jeweils alleine mit Jesus. Das waren wunderbare Erlebnisse, die ich nicht so schnell vergessen werde. Gott verwöhnte mich nach Strich und Faden.
3. Vertraue Gott ohne Vorbehalte.
»Durch den Glauben baute Noah eine Arche, um seine Familie vor der Flut zu retten. Er gehorchte Gott, der ihn vor etwas warnte, das noch nicht zu sehen war. Sein Glaube war das Urteil über den Unglauben der übrigen Welt; er aber wurde Erbe der Gerechtigkeit, die aus dem Glauben kommt« (Hebräer 11,7). Der Glaube ist alles.

Der Herr fragte mich einmal, ob ich bereit sei, den Glauben von Noah zu bekommen. Ich bat um Zeit zum Nachdenken, denn ich fand das zunächst keine so einladende Vorstellung. Noah hatte ja 100 Jahre an einem riesigen Schiff gebaut, und zwar auf einem Hügel, wo weit und breit kein Wasser war. Er wurde verspottet und ausgelacht. Er hatte so viele Jahre Geduld haben und treu bauen müssen, bis klar war, dass dieses Boot wirklich von Gott gebraucht werden würde. Zunächst dachte ich: »Nein, das ist zu lang für mich.« Die Aussicht darauf, ebenfalls so lange warten zu müssen, bis ich die Erfüllung meines Glaubens sehen würde, so viele Tests durchstehen zu müssen, stimmte mich nicht gerade fröhlich. Aber ich willigte schließlich ein.

Und was soll ich sagen? Mittlerweile bin ich über 80 und erst jetzt kommen die allerschönsten Erfahrungen. Erst jetzt erlebe ich die besten Sachen in meinem Leben. Noah baute und baute und ließ sich nicht beirren. Als dann die Wassermassen kamen, lachte er in sich hinein und freute sich. Und den anderen verging das Lachen.

Schäme dich nicht, kindlich zu sein. Es ist ein Zeichen geistlicher Reife.

4. Werde rein wie ein Kind.
»Ihr sollt imstande sein zu erkennen, worauf es ankommt, damit ihr rein und vorbildlich vor Christus steht, wenn er wiederkommt, und euer Leben reiche Frucht trägt – ihr seid ja gerecht vor Gott. Jesus Christus bewirkt diese Frucht, sodass Gott es ist, der geehrt und gelobt wird« (Philipper 1,10-11). Reinheit ist der Wesenszug eines Kindes. Doch im Laufe des Erwachsenwerdens verlieren wir sie. Der Weg zurück zur Reinheit, der über Jesus geht, kann wie folgt aussehen.

- Erkenntnis: Frage Gott, wo du dich nicht wie ein reines, gesundes Kind verhältst, und bitte ihn, dir zu zeigen, wo du Mangel hast.
- Umkehr: Bringe alles vor Gott, was er dir zeigt, und kehre um. Frage ihn auch, wo du vielleicht Schutzmauern errichtet hast und dein Herz wieder aufmachen musst, damit er darin wirken kann. Wo hast du dich seiner reinigenden Kraft verschlossen? Sprich ehrlich mit ihm darüber und tue Buße.

Es gibt viele Menschen, die aufgrund von Verletzungen und Enttäuschungen einen Stacheldraht um ihr Herz gezogen haben. Aber das schützt sie nicht nur vor Eindringlingen von außen, sondern verletzt sie auch immer wieder von innen und verursacht Schmerzen. Darüber hinaus versperrt es auch Gott den Weg. Weiter oben habe ich ja bereits von dem Erlebnis, als Gott mich an meine Kindergartentante erinnerte, erzählt.

Wir müssen neu glauben, neu vertrauen und neu auf seine Stimme hören lernen. Nur als Kinder Gottes haben wir Zugang zu seinem Reich. Denn dieses ist nicht an Leistungen oder Taten geknüpft, es hat ganz andere Dimensionen der Gnade. Doch ein erwachsener Mensch richtet sein Leben in der Regel nach der Anerkennung anderer aus und wie sie auf seine Taten reagieren. Ein kleines Kind tut dies nicht. Es kann ungehorsam sein, beispielsweise die ganze Wand mit Filzstift beschmieren, und schon wenig später wieder fragen, ob es Eis mit Sahne haben kann, obwohl es sich das nicht verdient hat. Ein Kind hat die Denkmuster noch nicht, die wir als Erwachsene haben.

Das größte Geschenk, das Gott mir gegeben hat, ist der Glaube, dass er allgegenwärtig ist, allwissend und allmächtig. Und dass er immer für mich ist, niemals gegen mich. Gott möchte uns wieder in dieses kindliche Vertrauen hineinführen, wo wir ihm glauben, auch wenn wir es nicht verstehen. Wo wir ihm gehorchen, auch wenn wir es nicht wollen. Wie oft wollte ich Gott schon beraten. Aber er zeigte mir jedes Mal: »Ich brauche deinen Rat nicht. Ich habe alles im Griff. Und ich kenne schon das Ende vom Anfang!«

Bete, dass Gott dir zeigt, wo du Wände hochgezogen hast, um dich zu schützen; wo du an deinem Selbstschutz festhältst, weil du Erfahrungen gemacht hast, die sehr schmerzhaft waren und die sich nie wiederholen sollten. Viele Menschen, die eine unglückliche Kindheit hatten, können niemandem vertrauen. Sie haben gelernt, der Lüge zu glauben, dass sie sich auf niemanden außer sich selbst verlassen können. Und dass jeder sie verlassen wird, weil sie selbst schon früher im Stich gelassen wurden. Wenn das auf dich zutrifft, garantiere ich dir: Gott wird dich nicht verlassen und dich nie im Stich lassen. Er liebt dich mehr, als du dich liebst und dich ein jeglicher Mensch je lieben kann. Und er hat gute Pläne für dich und weiß, wie er dich aus deinem Misstrauen herausholen und wieder in seine Nähe bringen kann. Lass dich von Gott an sein Herz führen, damit du ihm in allen Situationen und Umständen mehr vertrauen kannst als deinem Verstand. Es lohnt sich.

Wenn du nicht weißt, wie du beten sollst, kannst du das folgende Gebet sprechen:

Lieber Vater im Himmel,
ich danke dir, dass du immer bei mir bist, vom Moment meiner Empfängnis an. Niemals bist du von meiner Seite gewichen oder hast mich verlassen,
so wie Menschen es in meinem Leben getan haben.
Bitte zeige mir jetzt, wo ich so verletzt worden bin,
dass ich Mauern des Selbstschutzes aufgebaut habe.
Bitte zeige mir, wo ich Lügen glaube oder Festlegungen getroffen habe, die nicht der Wahrheit entsprechen.
Bitte komm in diese Situationen der Vergangenheit hinein und heile sie. Bitte zeig mir, wo du damals warst.
Offenbare mir neu, wie sehr du mich liebst,
und heile und verbinde alles, was noch schmerzt.
In deinem Namen reiße ich diese Mauern ein.
Du allein sollst mein Schutz sein.
Danke, dass du gute Pläne für mich hast.
Ich vertraue dir.
Amen.

Schluss

Gott ist so unendlich gut und er ist ein großzügiger Versorger, der uns alles gibt, was wir brauchen. Ich ermutige dich, zum Herrn zu kommen. Werde ehrlich vor ihm. Was hältst du noch fest, was willst du nicht aus der Hand geben? Gib ihm alles, was er dir zeigt. Du wirst sehen, dass du so viel mehr zurückbekommen wirst. Erlaube ihm, mit dir zu machen, was er will, und es wird sehr gut werden. Warum? Er allein hat den Überblick!

Was ist das wichtigste Wort in der Bibel? Es lautet »wenn«. Und was folgt darauf? »Dann«. Wenn du ihm gehorsam bist, dann wird er handeln. So kannst du alle Verheißungen in der Bibel lesen. »Wenn meine Worte in euch bleiben und ihr in mir bleibt, könnt ihr bitten, was ihr wollt, und es wird euch gewährt werden« (Johannes 15,7). Stell dich auf sein Wort und lebe danach.

In welcher Hand liegt die Verantwortung deines Lebens? In deiner. Es liegt an dir, ob du mit Gott kooperierst oder opponierst. Ob du mit ihm zusammenarbeitest und er dich jeden Tag neu überrascht, was ihr zu zweit alles hinkriegt, oder ob du nur deine eigenen Pläne verfolgst. Kann der Herr mit dir machen, was er will?

Vergiss niemals, dass Gott dich unendlich liebt. Er will dich von allen Lasten befreien, die du vielleicht noch mit dir herumträgst. Er möchte, dass du durchbrichst in das Leben der Verheißung – in ein Leben, in dem du mit ihm zusammen herrschst und Autorität ergreifst. Wenn du voll und ganz vertraust und von ihm abhängig wirst wie ein kleines Kind, wird er dich in neues Land führen, und du wirst aus dem Staunen nicht herauskommen. Denn er ist der Sieger!

Hatte Gott nicht einen superguten Tag, als er dich und mich gemacht hat?

Schalom, Schalom!